関大初等部式
思考力育成法

関西大学初等部［著］

さくら社

◎はじめに

関西大学初等部は二〇一〇年四月、関西大学の初めての小学校として誕生しました。

関西大学は、今年で百二十六年の歴史をもち、「学理と実際の調和」「国際的精神の涵養」等の教育理念を総称した「学の実化」を学是として掲げております。本校の教育もこれを受けて、初・中・高の一貫教育を通じ「確かな学力」「国際理解力」「健やかな体」「情感豊かな心」を持った人間を育てるところにあります。

開校準備室の設置以来、全教員で教育理念の具現化方策を検討してきましたが、なかでも「確かな学力」の柱として何を据えるかは最重要課題でした。新学習指導要領の実施、また、各自が抱いてきた教育の課題等について論議を重ねた結果、全員一致で導き出されたのが「思考力の育成」でした。

思えば、外国の模倣、改良を主とするキャッチアップの時代からフロントランナーへの転換を図る方策の一つとして、教育の質的な転換を期待したいわゆる「ゆとり」教育が、本来の趣旨ではなく単なる時間的ゆとりとしてのみ喧伝され、「学びのすすめ」や「ゆとりはゆるみではない」という言葉まで出るに至ったあの頃から我が国の義務教育は漂流を続けてきたような感じがします。

同時にその漂流の背景には、総合的な学習の時間への戸惑いに見られたように、我々教員が従前の学習方法や教科のみしか教育として認識していなかったこと、つまり、指導においても模倣、追随であり、新たな教育への創造性や展望に欠けていたこともあったのではないかとも考えています。

当時のPISAの結果は正にこれら対する妥当な評価であったのではないでしょうか。

あれから十年を経て新たな教育課程の改訂が行われ、二十一世紀の知識基盤社会に不可欠な資質としての思考力・判断力・表現力が重視されるようになり、誤解された「ゆとり」教育から脱却し、真に行うべき教育が中枢に甦って来たと感じています。漸く我が国の教育も本来の航路に舵を切ることができたのではないでしょうか。

本校の教員が「思考力の育成」を今後の教育の最重要課題として一致できたのも、このような大きな流れを認識していたために他ならないと思っています。

思考力の育成が、変革・混迷・国際競争の時代と言われるこれからの時代に生きる力として極めて重要であることはこれまでも指摘され続け、あらゆる現場で追究されてきました。

しかしながらその実践の多くは、思考を高める場や思考を促す発問の研究等であり、具体的な思考力の育成方法となると実践が極めて少なかったのではないかと認識しています。

今回提示する、本校における思考力の育成とは、このような反省に立ち、思考するとはどういうことか、また、そのためにはどのような方法や手段が必要か、つまり、「思考の方法を考えること」をささやかではありますが実践を通して積み重ねてきたものです。

研究を始めて日も浅く、全ての教科や単元に効果的であるとは言い難い段階ではありますが、徐々に子どもたちに浸透してきているのを感じています。

たとえば、学習活動に応じて効果的なシンキングツールを選択できたり、また、複数のシンキングツールを使ってみたり、さらには日常生活における友だちとの問題でも理性的に分析し解決できたりするなど、発達段階に応じて着実に力をつけてきているようです。

本校は「考動　―学びを深め　志高く―」を校訓としていますが、これは自ら考え、自分の力で世界を切り拓くことのできる人間を期待したものです。

思考力の育成は一朝一夕にできるものではありません。しかしながら我々の営々とした積み重ねが必ずや次の時代を切り拓く子どもたちを支えるものになると確信しています。

末尾になりましたが、本校の研究に際し、皆様方から広くご意見、ご示唆を賜りますことをお願いしますと同時に、文部科学省初等中等教育局教科調査官の田村学先生、玉川大学教職大学院教授の堀田龍也先生、関西大学総合情報学部教授の黒上晴夫先生をはじめ、多くの先生方にご指導を賜りましたことを心より御礼申し上げる次第です。

二〇一二年二月

関西大学初等部校長　田中　明文

●関大初等部式　思考力育成法　もくじ

はじめに　3

第Ⅰ章　関大初等部式　思考力育成法

1 思考力を育成する　10

◎「考える」とは何なのか　10
◎「思考力育成」を教育の柱に　12
◎知識の習得のみでなく　14
◎体験や感覚に基づく思考を　17
◎授業を変える　20

2 「思考スキル」とは　22

◎行動レベルで「思考」をとらえる　22
◎思考スキルの整理　24
3 考えることを考える学習──ミューズ学習　34
◎「思考スキル」を習得する場　34
◎ミューズ学習の特長　36
4 評価基準をつくる──ルーブリック　54
◎ルーブリックについて　54
◎ルーブリックの作成と実際　55
◎教育的効果　66

第Ⅱ章　実践編

1 「比較する」思考スキルの習得（ミューズ学習　1年）　70
2 「構造化する」思考スキルの習得（ミューズ学習　3年）　85

3 「多面的にみる」思考スキルの活用（生活科　1年） 104
4 「比較する」思考スキルの活用（算数科　3年） 121
5 「分類する」思考スキルの進化
——文脈の中での授業デザイン（ミューズ学習　1〜3年） 139

コラム＊シンプルさが多様性を保証する（堀田龍也） 68
コラム＊「考える力」の育成をめざすこと（黒上晴夫） 151
資料＊シンキングツール 152
私たちの思い 160

第I章

関大初等部式 思考力育成法

1 思考力を育成する

考えることは、答えを見つけ出すこととは違う。知識や技能を超えた「生きる力」を子どもたちが手にするために。

◎「考える」とは何なのか

「考えて行動しなさいよ！」

「みんなしっかりと考えて！」

「考える」ということばは学校生活のさまざまな場面で、教師から子どもたちに対してよく投げかけられるものです。このとき、教師には「このように考えて答えにたどりつけばいい」という思考のプロセスが見えているはずです。

しかし、子どもたちはどうでしょう？

何をどう考えればいいのかわからず、どこかにヒントがないかと過去の経験を探ってみたり、教科書をめくってみたりして、何とか正解を見つけようと試みます。

そして、やっとの思いで答えを見つけ、教師に伝えたとき、

「もっと深く考えてごらん」「〇〇さんの考えはちょっと何か足りないなぁ」

などと言われれば、

「どうすれば深くなるのかなあ」「答えは合っていると思うんだけどなあ……」と、再び暗闇の中に追い込まれてしまうことになるのです。

「考える」＝「答えを見つけ出すこと」と捉えている子がほとんどではないかと思います。それは今までの授業場面で教師が子どもたちに「考える」ことを求めるとき、その多くが「**質問—応答—評価**」の繰り返しで、「考える」方法を具体的に指導してこなかったことによるものです。

「**フランスの首都はどこですか—パリです—その通りです**」「**水に光を入れるとどうなりますか—屈折します—そうですね**」というように、すでに答えを知っている教師が、子どもの知識を確かめるために質問し、それに子どもが答え、教師が評価します。

また、家庭生活でも、同様のことが繰り返されます。たとえば兄弟喧嘩をしている場面で、「なんでこんなことするの？　あなたは、お兄さんなんだから……」など言われ、本当は弟に原因があったとしても、すべては年上である自分に否があるかのように教えられます。

兄弟喧嘩—どんなことがあってもお兄さんはがまんする—その通りです

このような場面において、子どもは常に「知識を教え込まれる者」でしかありません。

教師や親という大人の立場から子どもとの関わり方を考えると、「すぐに」「早く」という効率性を求めようとする意識が強く働くのかもしれません。

そもそも「考える」とは、どういうことなのでしょう。

「考える」ということばを言い換えると、「問題解決をする」「吟味する」「見つける」「比べる」など、いろいろなことばが浮かんできます。

ところが、さらに「考えるとはどういうことですか」と問われると、大人でも明快に即答することはできません。それは、大人自身が「考える」ことをあまり意識していないからかもしれません。子どもなら、なおさらです。

そこで、私たちは「考えるとは何なのか。どうしたら、本当に『考える』子どもを育てられるのか」という問いを立て、実践を通して解決していこうと考えました。

私たち教師が今後めざすべき子ども像は、解を待つ子どもではなく、積極的に社会の問題を追究し、解決するために行動を起こせる子どもたちだと考えています。

この本は、そのような子どもたちを育成するための思考力育成のカリキュラムの提案です。

◎「思考力育成」を教育の柱に

二十一世紀になり、新しい知識・情報・技術が、政治や経済、文化をはじめ社会のあらゆる領域での活動の基盤として、飛躍的に重要性を増してきました。いわゆる「知識基盤型社会」の到来です。

知識には国境がなく、日進月歩。その進展は旧来のものの見方、考え方の転換を伴うことが多くあります。だからこそ、幅広い知識と柔軟な思考力に基づく判断がよりいっそう重要になってくるのです。

このような社会を生き抜くために求められる能力が、**キー・コンピテンシー（主要能力）**であると言われています。

どうやったら答えを見つけられるんだろう。昨日の授業ではあれを習ったし、今日は違うのを習ったし…。
先生は「考えなさい」って言うけれど、なにを考えたらいいんだろう。

「コンピテンシー（能力）」とは、単なる知識や技能だけではなく、技能や態度を含むさまざまな心理的・社会的なリソースを活用して、特定の文脈の中で複雑な要求（課題）に対応することができる力のこと。その中でも、次の三つの特質をもったものがキー・コンピテンシーと定義されています。

一つ目は、**人生の成功や社会の発展にとって有益なもの**

二つ目は、**さまざまな文脈の中でも重要な要求（課題）に対応するために必要なもの**

三つ目は、**特定の専門家ではなくすべての個人にとって重要なもの**

キー・コンピテンシーは、ＯＥＣＤ（経済協力開発機構）が一九九九年～二〇〇二年にかけて行った「能力の定義と選択」（ＤｅＳｅＣｏ）プロジェクトの成果として、多数の加盟国が参加して国際的合意を得た新たな能力の概念です。

二〇〇〇年から開始されたＰＩＳＡ調査（ＯＥＣＤ生徒の学習到達度調査）の概念的な枠組みにもなっており、その国際的な学力調査の結果から、日本が国際社会で通用する力が低いと判断されたことが学習指導要領の改訂にも大きな影響を与えたといえるでしょう。

このような背景から、二十一世紀の社会を支える人材を育てるために、関西大学初等部は「思考力育成」を教育の最重要課題に据えました。

◎知識の習得のみでなく

学習指導要領改訂で示された、これからの学力育成のポイントは、生きる力の重視、さらに「思考力・判断力・表現力等の育成」、そして基本としての知識・技能の充実です。

これらの関係については、総則解説において「確かな学力を育成するためには、基礎的・基本的な知識・技能を確実に習得させること、これらを活用して課題を解決するために必要な思考力、判断力、表現力その他の能力をはぐくむことの双方が重要であり、これらのバランスを重視する必要がある」と、知識・技能と思考力・判断力・

表現力の両者の重要性が強調されています。

さらにそのために、「各教科において基礎的・基本的な知識・技能の習得を重視」すると同時に、「知識・技能の活用を図る学習活動を充実」させる必要があることが明記されており、「総合的な学習の時間を中心として」、「各教科等で習得した知識・技能を相互に関連付けながら解決する」といったようなことが求められています。

つまり、今回の学習指導要領では、知識の習得のみが目標として設定されているのではなく、児童一人ひとりが自ら答えを構成するような力の育成を大きな目標に置き、それを支えるための知識を重視するという構造であることがわかります。

ここで重視される「知識」とはこれまでに語られてきたある事柄についての内容だけでなく、「考える技法」といったことばで表現されるような技術（「**思考スキル**」）も含まれたものであると考えます。

これまでも、思考力育成を目指したさまざまな実践が行われており、その方法について有効と思われる知見も集まってきていますが、課題もあります。

一つ目は、それぞれの実践における思考力の定義が異なることです。

「思考」ということばにはさまざまな定義が存在するため、実践者や研究者の信念をもとに、それぞれの教科における「思考」を定義し、実践が進められているものと思われます。これでは、「思考力の育成」ということばの中に、さまざまな信念を含むこととなり、画一的な指導を行うことが難しくなってきます。

二つ目の課題は、それらの実践が、各学校において教科等ごとに取り組まれているということです。学習指導要領の解説にみられるように、思考力の育成は、これまで学習してきた知識や技能の活用を図る学習活動を進めていくべきものです。これらの実践は、教科や単元などの対象が限定された場合には有効ですが、それぞれの事例から得られた結果を関連づけることは困難です。

そこで私たちは、下の図のような思考力育成の授業デザインを考えました。

はじめに教科の単元を分析し、単元全体の流れを想定します。そして、単元の中で特に子どもに考えさせたい場面を「思考ポイント」として設定します。

そこで焦点化したい思考を「思考スキルの統合図」（26-27ページ）で確認し、どれにあたるのかを判断するのです[※1]。

そして、必要な「思考スキル」を習得するために、どのような思考支援のツールを活用するのかを考えます。ここで言う「ツール」とは、思考を支援するすべての手段のことを意味しています。後述する**シンキングツール**[※2]はもとより、吹き出し法、ICT活用、教師の発問など、多岐にわたります。

■授業デザインのあり方

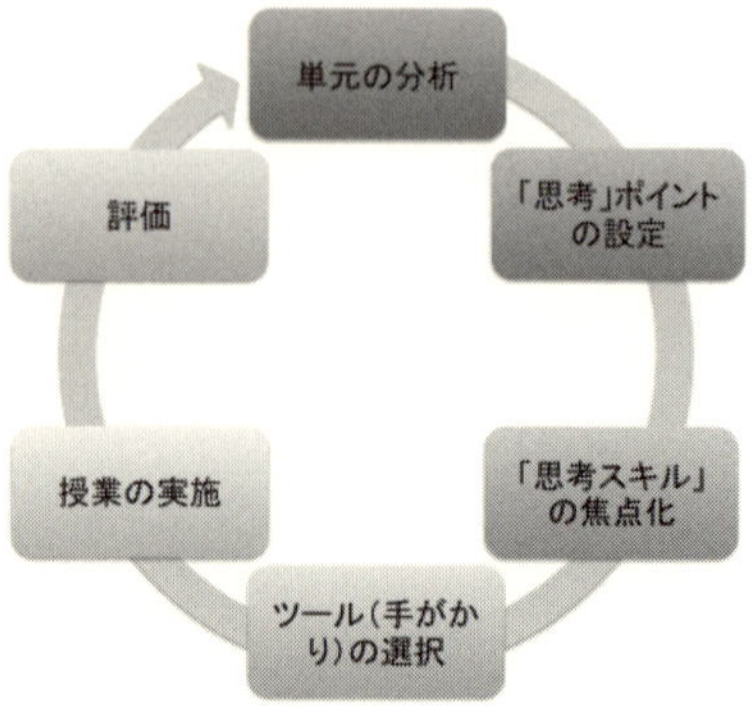

※1　p.22～「行動レベルで「思考」をとらえる」参照。
※2　p.38～「思考スキルとシンキングツールの対応」参照。

ここで、授業デザインが完成し、授業を実施し、その後は授業について教師評価および学習者評価を実施し、再度単元の見直しをします。

従来の授業デザインと違うのは、**「思考スキル」の焦点化**です。

「今日のめあては『○○を考えよう！』です」――教師がよく子どもたちに発することばです。

しかし、その授業で「考える」とはどういうことか？　何ができたら「考えた」ことになるのか？　と、子どもたちは意識して授業に取り組んでいるのでしょうか。また、私たち教師はそこまで具体化して授業に取り組んできたでしょうか。

その不充分さを反省し、もっと新しい切り口から、教科の学習でも思考力育成をめざさなければならないと考えたのです[※3]。

◎体験や感覚に基づく思考を

「考える」（思考）について、授業レベルで考えてみましょう。

授業デザインを考えるとき、教師は、単に答えを教えるような授業はよくないと考えます。むしろ、子どもたちにじっくりと考えさせたいと思っています。知識の「教え込み」は、他の状況で活用できにくいと考えるからです。

教師は、子どもたちに答えを教えるより、答えを見つけるまでの論理を生み出すプ

※3　p.22～「「思考スキル」とは」参照。

ロセスを重視し、それが思考を鍛えると考えているのです。

総合的な学習の時間を例にとって考えてみましょう。

たとえば、私たちの住む高槻という街をテーマに総合的な学習の時間に取り組んでいるとします。高槻という街はどのような街なのだろうか？　何があり、どんな人が住み、どのようなよさがあるのか？　など、子どもたちはさまざまな問題を見つけます。

しかし、その答えは教科書に載っているわけではありません。ですから、子どもたちは自分のテーマを追究すべく、インターネットや図書資料、フィールド調査等に取り組みます。そして、自分の五感を使って、感じ、考え、自分の問題に対する答えを見つけ出そうとします。

「高槻を調べていくとけっこうお寺があったよ。どうしてかなあ」

「高槻にポンポン山という山があるのを見つけたよ。でも、どうしてポンポン山っていうのかなあ」

「高槻には寒天を作っているところがあるみたい。寒天ってどうやって作るのかな？　どうして寒天を作るようになったんだろう」……。

問題を解決したと思ったら次の疑問がわき、またそれを追究していくことの繰り返しです。答えは自分で見つけ出さなくてはいけません。問題解決場面が状況によりさまざまで、教科書に表現できない情報にあふれているからです。したがって、明確に与えられた正解は存在しません。誰にとっても初めての情報を、その状況にある情報と自分の持っている過去の体験につながる情報から生み出すというプロセスを経験しなければなりません。

新しいアイディアや解決法を思いつく、「あたりまえ」を疑う、問題の本質が見えるようになる。そういったことが子どもたちの中から生まれてくれば、そのとき思考力は強く働いているのだと思います。

思考として重視すべきなのは、「本人にとって」新しい情報（今までもち得なかった知識・見方・考え方など）を生み出せるかどうかです。

何かの現象にあたったとき、そこにひっかかりをもつこと――ことばにはならない違和感のようなもの、「何かがヘンだ、おかしい」といった感覚が生まれてくることこそ、本当の意味での思考をしている証拠だと思います。そのような感覚がまず最初に生まれてきて、それをある具体性のレベルに落とし込んでことばなどで表す。そういった二段階のプロセスが必要なのではないかと思います。

このとき、より重きを置くべきは、違和感やひっかかりをもつこと。立ち止り、気づきが生まれてくるかどうかです。ことばレベルの思考ではなく、自分の具体的な体験や感覚を足場にした思考を導くことが重要なのです。

◎授業を変える

「考える」をことばで習得させることは困難です。思考を促すにはある文脈を用意し、その中でどのように考えていけば自分の答えを見つけ出せるかを、鍛えなければならないと思いました。

もちろん教科学習等の中にも、「考える時間」はたくさんあります。しかし、教師は思考させようと思っていても、子どもたちには「学習内容を覚えれば何とかなる」という傾向が強くみられるのではないでしょうか。

教師の側にしても、時間に縛られている面もあり、どうしても効率のよい授業をしたいという思いが自分の中に見え隠れしてしまいます。

そうした思いは子どもたちに少なからず影響を与えます。子どもたちは「考える」ことよりも、「先生の意図する答えを見つけ出そう」としているにすぎない活動に終始することになりがちです。

授業を変えなければならない。もっととことん考える子どもたちに育てたいという思いから、子どもたちに身近な生活の中から題材、課題を設定し、「考えることを考える」時間を準備すべきだという結論に行きついたのです。

つまり、考える力をつけるために、「考える」をもっと子どもの立場に立って具体化していくということです。その具現化が、後述する「**ミューズ学習**」です[※1]。

※1 p.34～「考えることを考える学習――ミューズ学習」参照。

ミューズ学習では、考えるためのスキル（思考スキル）習得をねらった学習を行います。

単に教え込むのではなく、ある文脈の中で思考スキルを習得する授業をデザインする。それには、後述するシンキングツール[※2]やルーブリック[※3]のような思考スキルを習得するための道具が必要であると考えました。子どもたちに、考えるためのアイテムをもたせるのです。

たとえば、何かを「比較する」とは、「違うこと」と同時に「同じこと」を見つけることであり、比較するときには「ベン図（シンキングツール）」を使うことで、共通点や相違点が整理でき、そこから何がみえるかを考えるということを教えるのです。

その際、どこまでがんばったら「比較する」思考スキルを習得できたと判断するのかを子どもたちと授業の最初に話し合って決めておくこと（ルーブリック）で、ゴールが明確になります。

さらに、「ミューズ学習」で習得した思考スキルを、教科や総合的な学習の時間に活用するような場面を設定することで、より思考スキルの習熟を図ります。

このような学習活動を積み重ねることで、子どもたちは物事をさまざまな面から考え、一つとは限らない「解」にたどりつくまで粘り強く考える態度を身につけていくのではないかと考えています。

※2　p.38～「思考スキルとシンキングツールの対応」参照。
※3　p.54～「評価基準をつくる――ルーブリック」参照。

2 「思考スキル」とは

ただ漠然と「考える」のではない。思考を具体的な行動目標として設定することで技術としての習得は可能になる。

◎行動レベルで「思考」をとらえる

「思考スキル」は考えるための方法、思考するための技術です。だから、思考スキル＝思考というわけではありません。最終的には習得した思考スキルを活用しながら、問題解決などの高次な思考を達成することを目的としているのです。

それには、思考スキルを習得させ、それを活用しながら学習を進めていくような体系的な指導が求められると考えました。

一般に教科学習において、単元の中で思考を重視した授業では、ねらいを「〜を考える」と書き表しがちです。しかし、単に「考える」といった漠然としたことばを使うのではなく、ねらいを行動レベルに具体化すること、すなわち**行動目標**にすることによってはじめて、子どもはどうやって考えたらいいのかがわかるのです。

※1　H16年度〜19年度科学研究補助金　基盤研究Ｂ研究成果報告書「高次思考力の育成をめざす授業設計法と評価に関する研究　研究代表者　黒上晴夫（関西大学総合情報学部教授）の中に、全国各地の現場教師で構成されたルーブリック研究会の実践が掲載されている。

このような行動目標として「**思考スキル**」に焦点を当てました。

思考を行動レベルに落としてスキルとすることについては、思考ルーブリック※1としてまとめるという試みも行われています。

思考ルーブリックはブルームらの教育目標※2や、その修正版であるマルツァーノらの新分類学※3の考え方を参考に、それぞれの教科に必要な思考スキルを定義しています。

思考ルーブリックでは、中央教育審議会答申における「思考力・判断力・表現力」の育成の項の、「考える技法」という用語に着目しています。この考える技法ということばは、思考という漠然とした用語を技法という具体的な記述に落とし込むものであり、目標を行動レベルまで落として記述するという考えと共通したものであると考えます。

このように、**「思考」ということばを思考スキルという具体的なものに分解し、それを目標として設定するという試みは、思考力育成のためには重要であると考えます。**

では、現場ではどのような思考スキルが求められているのでしょうか。

私たちは学習指導要領の記述を思考スキルという視点から分析しました。そして、教科横断的に思考スキルを抽出し、再構築することで、思考力育成のためのカリキュラムの作成をめざすこととしました。

※2　心理学者ベンジャミン・ブルームが『教育目標の分類学：認知領域』(1956) において著した6段階の思考解説。

※3　教育学者ロバート・マルツァーノが『教育目標の新分類学』(2000) において提唱した学習プロセスに関する新しい思考モデル。

◎思考スキルの整理

(1)小学校段階に必要な思考スキルの定義

学習指導要領を「思考スキル」という観点から分析するために、まず小学校の学習段階で必要と考える思考スキルを定義しました。

思考スキルには、思考ルーブリックに記載されている技法を統合し、分析のための枠組みとして利用しています。思考ルーブリックでは、教科ごとに思考スキルが設定されていますが、体系的な思考の指導のためには教科ごとではなく、教科横断的な能力として思考スキルを記述する必要があると考えたため、教科ごとに設定されている思考スキルを統合し、31個の思考スキルを設定しました。

その後、それぞれの定義を確認し、分析と議論を繰り返す中で、同様の意味をもつと思われるものを統合したり、小学校段階においてはレベルが高すぎるものなどを削除したりして、思考スキルの定義を吟味し、最終的に18個の思考スキルを設定し、それぞれを定義づけていきました。

(2)学習指導要領の文言の分析

次に、設定した18個の思考スキルをもとに、学習指導要領の分析を行いました。今回の分析では、「国語、算数、理科、社会」の4教科を対象にして分析を行っています。

具体的には、学習指導要領の文言を確認し、そこに関係すると考えられる思考スキルを対応づけるという作業です。

たとえば、学習指導要領の「関心のあることなどから話題を決め、必要な事柄について調べ、要点をメモすること」（国語、第3・4学年、内容A、ア）という文言には、「関連づける」「分類する」「要約する」という思考スキルが対応づけられると考えました。

思考スキルにおいて「関連づける」の定義は「既習事項や経験と事柄を結び付けること」としています。上記の文言において「関心のあることなどから話題を決める」という活動には、「関連づける」という思考スキルが求められていることが想定できます。同様に、「必要な事柄について調べ、要点をメモする」ためには、調べた事柄を「分類する」（定義：物事をいくつかのまとまりに区分すること）ことに加え、それを「要約する」（定義：複数の事柄の要点をまとめること）という思考スキルが必要となってくることが想定できます。

このようなプロセスを繰り返して、「国語、算数、理科、社会」のすべての文言に対して、思考スキルの対応づけを行ったのです。

（3）段階の整理（学年別目標の作成）

学年ごとの段階の違いを確認するために、思考スキルを軸として学習指導要領の文言の並べ替えを行いました。たとえば、「統合する」では28ページのようになります。

修正前の思考スキル	定義
比較する	複数の事象の相違点、共通点を指摘すること
分類する	情報の意味をとらえてまとまりをつくり、必要なものだけを選び出すこと
関連づける（自分と）	自分とのつながりを意味付けること
多面的にみる	立場をかえて客観的に見る
変化をとらえる	課題に関係する規則に関わる変化を見つけることが出来る
構造化する	複数のものの関係を明示すること（上位、下位の関係）
評価する	自分の学習の結果の正しさや特徴、良さを確認し指摘すること
批評する	物事を分析的、統合的に捉え自分の意見を述べること
疑問を持つ	学習事項から新たな課題を見つけること
整理する	学習事項をまとめること
関係づける	複数の事象の関係を表すこと
順序づける	ものごとをの順序を読み取ったり、順序づけること
意味付ける	学んだことをまとめて、意味を見つけ出す
原因・理由を特定する	物事・出来事の原因やわけを特定すること
統合する	複数の事柄をまとめること
仮説をたてる・計画する	実験、観察の結果について予想すること
制御する	解決に向けて実験・観察の方法などを制御すること
類推する	既習事項やアイデアを活用して適用する見通しをたてること
帰納する	複数の事象から規則を見つけ、一般化すること
推論する	意図や心情を想像すること
変換する	目的に即して、情報を別の記述、別の表現形式に変えること
表現形式を変換する	複雑な問題を別の表象に変えて理解すること
見通す	解決の方法を見通して計画すること
予想する	解決の結果を予想すること
敷衍する	ほかの分野に当てはめて考える
演繹する	公式や決まりから答えを出したり、確かめたりすること
記録・要約する	事象や実験・観察の結果を表現すること
解決する	自分の生き方や社会に役立てる
一般化する	多様な考え方、解法の中に自分のものを位置づけること
創造する	自分なりの表現をつくりあげること
選択する	目的をはっきりさせて、必要なものを取捨選択すること

研究協力者　関西大学総合情報学部博士課程　泰山 裕氏

■思考スキルの定義、統合

思考スキル	修正後の定義	
比較する	複数の事象の相違点，共通点を指摘すること	採用
分類する	物事をいくつかのまとまりに区分すること	採用
関連づける	既習事項や経験と事柄を結び付けること	採用
多面的にみる	視点や立場をかえて見ること	「多面的にみる」に統合
構造化する	複数の事柄の関係を構成すること	採用
評価する	物事の是非・善悪などを指摘し自分の意見を述べること	「評価する」に統合
整理する	学習事項をまとめること	採用
関係づける	複数の事柄の間にある関係を見つけ表すこと	採用
順序づける	物事の順序や重要度をみつけること	採用
意味づける	学んだことをまとめて意味を見つけだすこと	採用
原因・理由を特定する	物事の原因や理由を見つけだすこと	採用
統合する	複数の事柄をあわせてひとつにすること	採用
計画する	求める答えを得るために方法や順序などを決めること	「計画する」に統合
類推する	事実や類似点をもとにし別の事柄を推しはかること	「類推する」に統合
変換する	目的に合わせて物事を別の形式で表現すること	「変換する」に統合
見通す	目的や状況に合わせて適切なものを選択すること	「見通す」に統合
応用する	学習事項を他の場面に当てはめて用いること	「応用する」に変換 「応用する」に統合
要約する	複数の事柄の要点をまとめること	「要約」のみに変更
		高度な思考であるため、小学校段階では削除
		思考の結果と判断し,削除

これを抽象化し、学年別の目標としてまとめなおし、「思考スキルの学年別目標」を作成しました。「統合する」の場合であると、以下のように学年別目標を設定しました。

(4)それぞれの思考スキルの関連の整理

「思考スキルの学年別目標」では、学年が上がるごとに関連づく思考スキルの種類が増えてくるものがあることが確認できました。

たとえば、「評価する」は以下のように学年別の目標が設定されています。

「評価する」

■「統合する」

学年	学習指導要領上の記述
1，2年	グループで話し合って考えを一つにまとめたり
3，4年	進行に沿って話し合う 学級全体で話し合って考えをまとめたり
5，6年	考えをまとめること 計画的に話し合うこと 調べたことやまとめたことについて、討論などをする

▼

■「統合する」

学年	学年別の目標
1，2年	グループで話し合った結果をひとつにまとめることができる
3，4年	進行に沿って、学級全体の考えをひとつにまとめることができる
5，6年	計画的に話し合い、考えをまとめることができ、 それらについて自分の考えを持つことができる

研究協力者　関西大学総合情報学部博士課程　泰山 裕氏

1・2年生：物事について、感想をもつことができ、それを伝えることができる
3・4年生：目的に応じて物事を判断し、その結果をもとに情報を修正することができる
5・6年生：目的に応じて物事を判断し、自分なりの工夫をして情報をつくりあげることができる

1・2年生においては、関連する思考スキルは物事について感想を持つために、「多面的にみる」という思考スキルが関連づくと考えられます。3・4年生の段階になると感想をもつのみではなく、「目的に応じて」判断するということが求められることになります。そのためには、「見通す」（定義：目的や状況に合わせて情報を選択する）という思考スキルが新たに必要となってくるのではないかと考えました。また、5・6年生の段階になると3・4年生の段階において求められていたことに加えて、「自分なりに工夫をして情報を作り上げる」ことが求められます。これは、情報を「意味づける」（定義：学んだことをまとめて意味を見つけだすこと）という思考スキルが追加されていると解釈できます。

このように、学年を経るごとに求められる目標が高度化していくに従って、複数の思考スキルを統合した思考が求められていくことが想定できます。

これらの思考スキルは、各教科等において考えることを重視する単元のねらいに組

み込む必要があります。それはかなりの労力を伴う作業である上、18個の思考スキルの妥当性の検証は、今後の実践結果に委ねられているという現実もあります。

そこで、後述する「考える」ことに特化した「ミューズ学習」において、まずは思考スキルを習得することをねらいとした授業をデザインしようと考えました。

ただし、18個の中から、さらに6つの思考スキルに絞りました。

それは、「習得」型の授業には繰り返しが重要であること、ミューズ学習の時間は総合的な学習の時間と図書の時間から12時間程度を充てて実施することにしたからです。

絞り込んだ思考スキルは「比較する」「分類する」「関連づける」「多面的にみる」「構造化する」「評価する」の6つです。これは、複数のベテラン教師の経験から、教科横断的に活用できるスキルとして選択したものです。

32ページの表は6つの思考スキルの学年別目標です。

■思考スキルの体系図

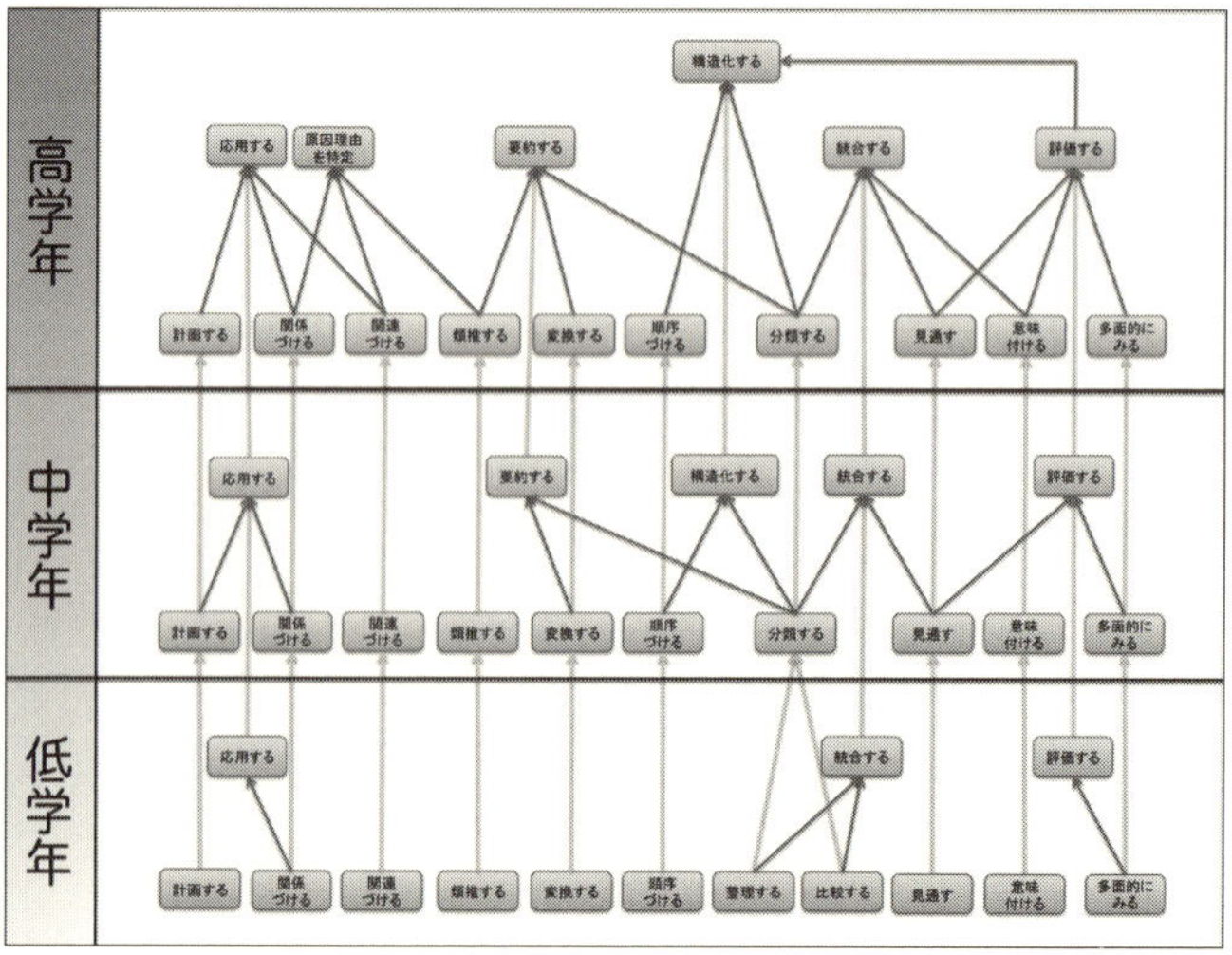

研究協力者　関西大学総合情報学部博士課程　泰山 裕氏

この学年別目標は、その思考スキルの定義と学年別の目標が記述され、学年で育成したい思考スキルを決めたあとにどのようなレベルまで達成すべきかの参考として活用されます。

これらは授業デザインの際に活用されます。

たとえば、「構造化する」を目指した授業デザインを例にとって紹介しましょう。

まず、「思考スキルの統合図」から、「構造化する」は中学年になって出てくる思考スキルであることがわかります。そして、「思考スキルの学年別目標」から、「構造化する」の定義と中学年における目標を確認することができます。

「構造化する」は「複数の事柄の関係を構成すること」であり、3年生では、「調べたこととわかったことをもとに、主張を組み立てる。」ことが求められています。それをもとに、授業ではこの目標に近づくための課題を設定します。さらに「思考スキルの統合図」を確認すると、「構造化する」は

■「構造化する」思考スキルの体系図

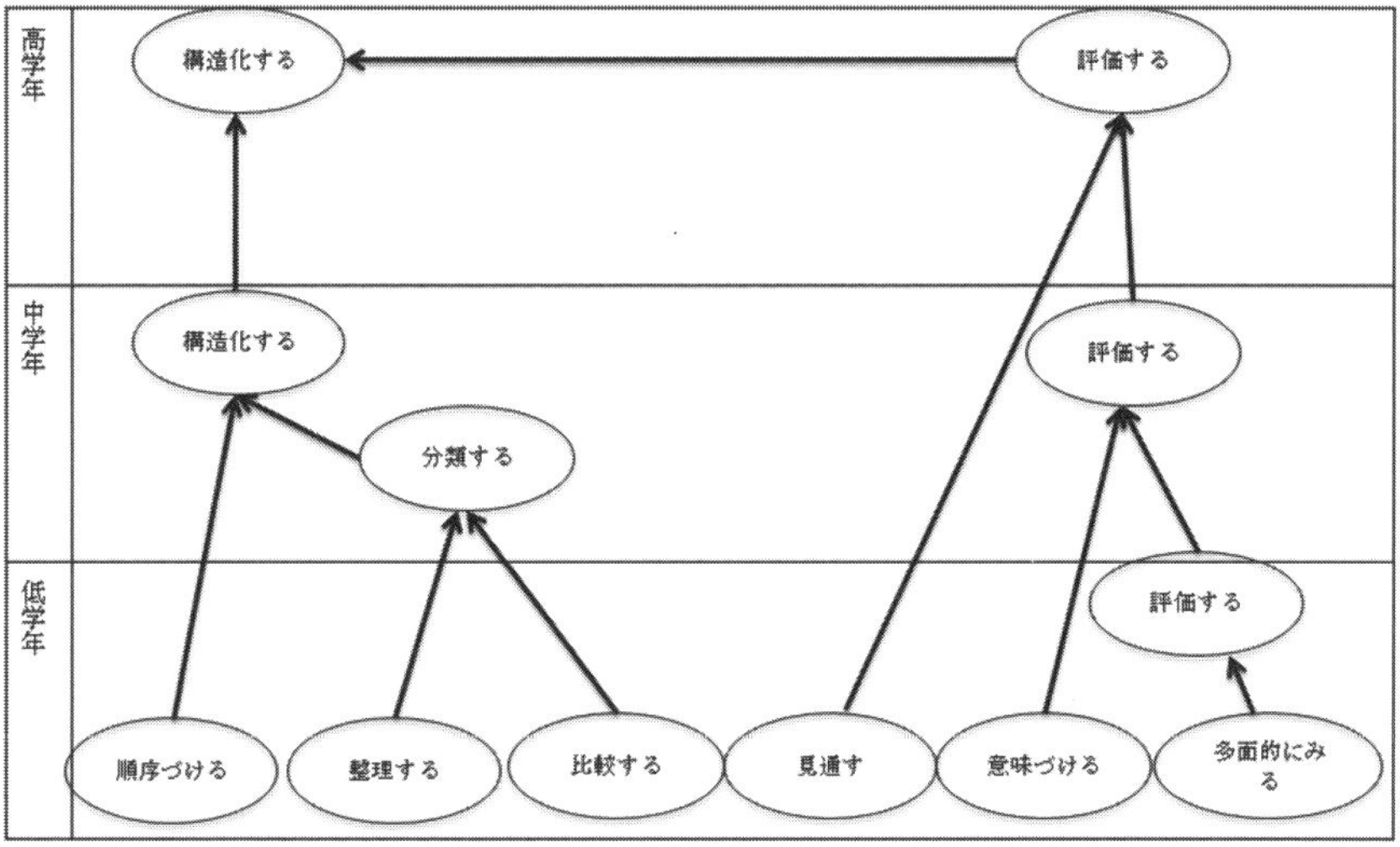

■6つの思考スキルの学年別目標

思考スキル	定義	1年	2年	3年	4、5年	6年
比較する	複数の事象の相違点や共通点を見つけ出す。	身の回りのものの同じと違いを見つける。	自分が体験しなければ分からないこと（視覚情報以外）から視点を見つける。	多様な視点で比べる。	意図や目的に応じて比べる。	今までの学習をもとに「比較する」思考スキルの定義をする。
分類する	物事をいくつかのまとまりに区分する。	仲間分けごっこを通して、複数の視点に気づく。	自分が体験しなければ分からないこと（視覚情報以外）から視点を見つける。	意味をもって分ける。	意図や目的に応じて分類する。（ＫＪ法などを組み合わせて）	今までの学習をもとに「分類する」思考スキルの定義をする。
多面的にみる	視点や立場を変えてみる。	複数の視点から情報を集める。	自分が体験しなければ分からないこと（視覚情報以外）から情報を集める。	複数の視点から根拠を提示する。	意図や目的に応じて多面的にみる。	今までの学習をもとに「多面的にみる」思考スキルの定義をする。
関連づける	既習事項や経験と事柄を結びつける。	ことばとことばにつながりを見つける。	自分が体験しなければ分からないことを加えて、ことばとことばにつながりを見つける。	意味をもって、ことばとことばにつながりを見つける。	意図や目的に応じて、ことばとことばにつながりを見つける。	今までの学習をもとに「関連づける」思考スキルの定義をする。
構造化する	複数の事柄の関係を構成する。	事柄に対する理由を見つける。	自分が体験しなければわからないこと（視覚情報以外）から情報を集める。	調べたこととわかったことをもとに、主張を組み立てる。	仮の主張をもとに、集めた情報を取捨選択する。	今までの学習をもとに「構造化する」思考スキルの定義をする。
評価する	物事の是非、善悪等を指摘し、自分の意見を述べる。	めあてに対して、学習の取り組み方を振り返る。	学習を振り返り、わかったことと疑問点を整理する。	判断した結果を理由と合わせて述べる。	判断した結果を基に、提案をすることができる。	今までの学習をもとに「評価する」思考スキルの定義をする。

「順序づける」と「分類する」を統合した思考スキルであり、さらに言えば「分類する」は低学年における「整理する」と「比較する」が統合された思考スキルであることが確認できます。

つまり、授業においては「構造化する」ために、子どもたちにどのように事柄を「分類」させるか、それをどのように「順序化」させるかを考えながら授業デザインが行われるのです。

現段階では先行研究に基づいた理論的な裏づけはないかもしれませんが、長年の実践から見えてきたことをもとに組み立てた教師なりの理論ではあるのです。

3 考えることを考える学習
――ミューズ学習

単発の授業ではない。学習連携の軸をつくり、「習得―活用」の繰り返しを保障することで、思考力は育成される。

◎「思考スキル」を習得する場

一つの正解、先入観や最初に浮かんだ考えといったものにとらわれず、「ほかの考え方はできないのか」と常に問うたり深く思考したりする態度は、子どものうちから培っていく必要があります。

知識は豊かであっても、問題に直面した時、その知識を使って解決できるとはいえません。問題を解決するためには、知識を活用するための「思考スキル」が重要となるのです。

そのためには、教科学習等とは別に、子どもたちの身近な生活の中から題材・課題を設定し、学習活動を通して「思考スキル」を育成する学習を用意する必要があると考えました。

課題に合わせて柔軟に「思考スキル」を選択し、組み合わせて課題を解決していく力を育てる――このような目的に基づいた学習を、関西大学初等部は「**ミューズ学習**」※と名づけ、すべての教科学習等の思考力育成の軸としました。

ミューズ学習は、**考えることを考える時間**です。教科学習と総合的な学習の時間の軸となる学習であり、教科横断的な「思考スキル」を習得する場として、カリキュラムの中核に位置づけられています。

ミューズ学習と教科学習等の授業をデザインしていく際のポイントは以下の通りです。

ミューズ学習では、**「思考スキル」を習得する**ための活動を準備します。子どもの問題解決への意欲をかき立てるような題材や課題をし、6つの思考スキルを習得することをねらいに設定します。

教科学習では、**習得した「思考スキル」を活用する**場面を準備します。単元の流れの中で、特に思考を重視して授業を展開する場を設定するのです。その際、授業のねらいは考えるということばを使わずに、考えるということはどういうことなのかを子どもの活動レベルに具体化してねらいを設定します。そして、子どもたちがミューズ学習で習得した思考スキルを使って問題を解決していくような授業の流れを工夫します。

さらに、**総合的な学習の時間**では、**習得した「思考スキル」を主体的に活用できる**ように、学習環境の充実を図ります。ミューズ学習や教科学習で習得した「思考スキル」を活用し、子どもが自ら答えを探究する学習が展開されるのです。

以上のようにミューズ学習と教科学習等の学習を関連づけることで※1、思考スキル

※　名前の由来は、初等部が属する関西大学高槻ミューズキャンパスの名称にある。「ミューズ」は、学芸の女神であり、ギリシャ神話の学問・音楽・芸術・詩歌などあらゆる知的活動を司る女神ムーサの英語名。また、「muse」は動詞で「熟考する」という意味をもち、これは、本校の校訓である「考動　―学びを高め　志深く―」にもつながる。

の「習得」―「活用」の流れが繰り返され、効果的に思考力の育成を図ることができるのです。

◎ミューズ学習の特長

ミューズ学習の授業は、一つひとつが手づくりです。授業をデザインするときに、特に気を配っている点は、以下の4点。これらは、ミューズ学習の特長とも言えるでしょう。

(1) ねらいを明確に
(2) 思考スキルとシンキングツールの対応
(3) 子どもが取り組みやすい環境の整備
(4) 文脈を重視

■カリキュラムにおけるミューズ学習の位置づけ

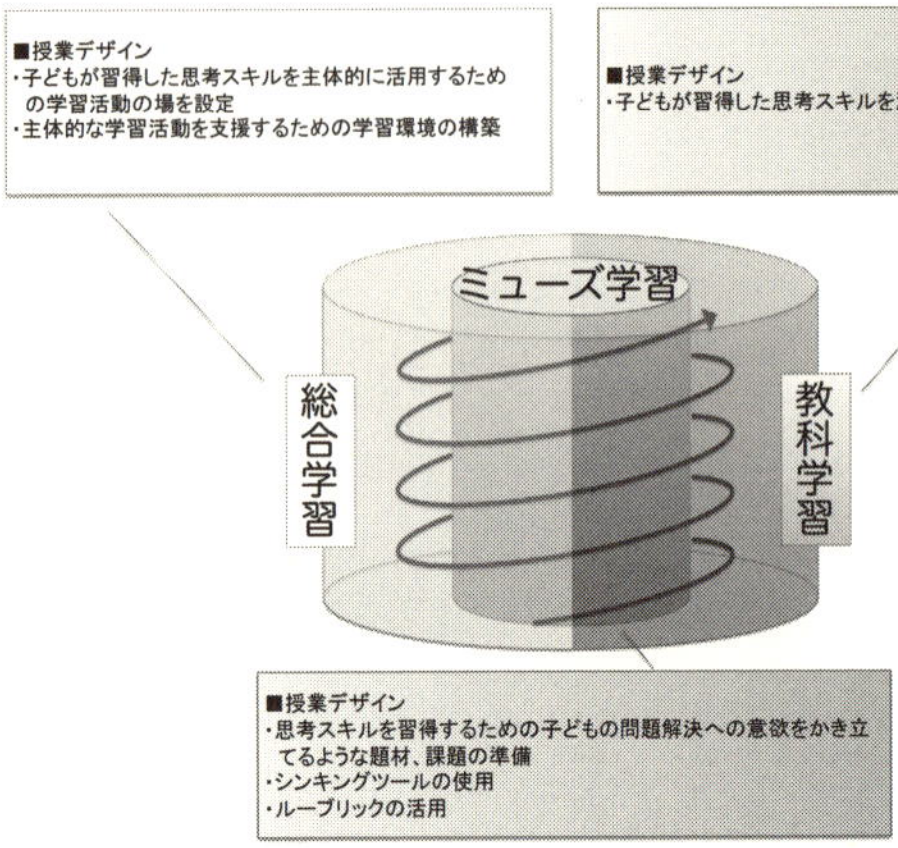

(1) ねらいを明確に

「ミューズ学習」では、教科横断的に活用できる6つの「思考スキル」を習得することをねらいとしています。思考スキルを習得するといっ

※1　教科等の学習において、ミューズ学習で習得したどの「思考スキル」を使うのかについては、子どもたちの発達段階や教材の性格等に応じて吟味して取り入れる必要がある。

ても、何ができたら思考スキルが習得できたということになるのかを明確にしないといけません。そこで、ミューズ学習では子どもたちにも到達目標が明確になるよう、ルーブリックを活用しています※2。

授業の導入で、教師は課題を提示し、6つの思考スキルのどのスキルを使って問題を解決するのかを子どもたちに伝えます。実際は、「思考スキル」ということばは使わず、「技をゲットする」ということばでスキル習得をイメージさせています。

たとえば、授業ではまず「今日のめあては分類する技をゲットしようです」と子どもたちに伝えます。分類するとはどういうことなのかについて説明します。

そして、果物屋の店員になって、4種類のくだもので、それぞれにねだんや仕入れ日が違うというものを3つのさらに分けてお店に並べるという課題を提示します。そのとき、どのように分けることができたらよしとするかどうかを話し合いました。子どもとのやりとりの中から、「視点を決めて、仲間分けし、その理由が説明できる」ということを全員の到達目標にしました。そして、さらに「自分の経験と関連づけて、工夫した仲間分けができる」ともっといいことを確認し、子どもたちは12枚の果物のカードを操作しながら、分類する活動に入りました。

活動後は、友だちとどのような分け方をしたのかを発表し合います。そこで、いろいろな見方・考え方があることを知るとともに、商品を分類することに意味があることに気づくのです。

※2 詳しくは、p.54～「評価基準をつくる――ルーブリック」参照。

子どもたちは、こうした活動を通じて、「分類」というものをより深く考えようとします。さらに、その活動のゴール（到達基準）が明確に設定されていることによって、子どもたちはどのように考えればいいのか（行動目標）が具体的に理解できるようになり、それを意識して活動に取り組めるのです。

（2）思考スキルとシンキングツールの対応

ミューズ学習では、思考スキルの習得に特化した学習活動を行っています。しかし、「分類するとは、具体的にどうすることなのか」をことばだけで説明しようとしても、なかなか子どもには伝わりません。そこで、活動を通して理解できるような手だてが必要になってきます。

その手だての一つとして、「シンキングツール」を活用することを重視しています。シンキングツールとは、頭の中の情報を書き込むための図形の枠組みです。頭の中にあるイメージや情報を外に出すことを促し、視覚化されたものの関係性も見つけやすくしてくれます。子どもは与えられた文脈の中でシンキングツールの使い方を学ぶと同時に、それを使うことで身につけることのできる思考スキルについて理解するのです。

左の表は、ミューズ学習で使用しているシンキングツールです。

■ミューズ学習で使用するシンキングツール

	シンキングツール	活用法
比較する	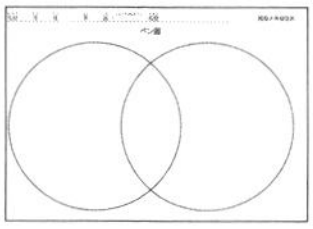	・異なる２つの事柄の共通点を円の重なった部分に、相違点を重ならない部分に書き込む。
分類する	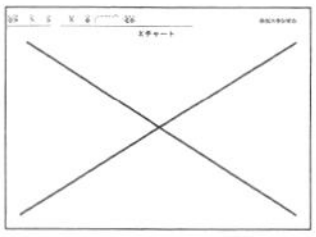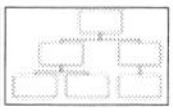	・多くの情報を複数の視点に分類する際に使用する。１年～３年生までは、ＹチャートやＸチャートを使用し、３年生の後半からはＫＪ法も組み合わせて使用する。また、４年生以上では意味や目的に応じた分類をする。さらに、６年生では分類したものを体系的に捉えさせるためにロジックツリーを使用する。
多面的にみる	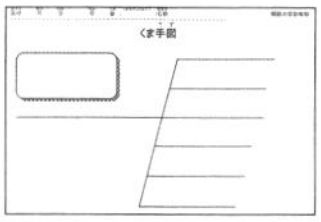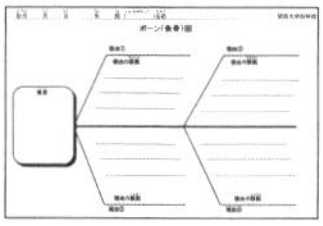	・１・２年生はくま手図を使用する。ある事象を複数の視点で意識して、自分の考えをもたせる場合に使用する。 ・３年生以上はボーン図を使用する。左側に自分の考えを書き、その理由や理由の根拠を右側の骨の部分に書きます。理由の根拠には、調べた事実等を情報源を明らかにして書かせるようにする。
関連づける	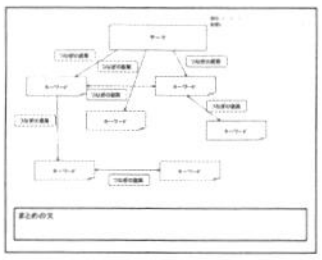	・情報がたくさん集まった段階で、自分の考えを整理する際に利用できる。ある事柄に関するキーワードを６つ付箋に書く。この数は発達段階によっても異なる。そのキーワード間のつながりを見つけ、ことばを書き加える。そして、全体から見えてきたことを自分の考えとしてまとめる。
構造化する	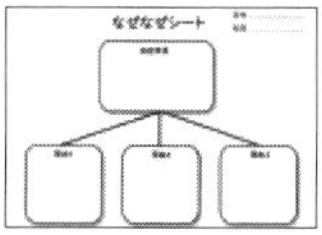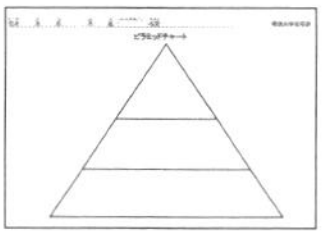	・自分の考えを組み立てる際に使用。１・２年生は「なぜなぜシート」、３年生以上はピラミッドチャートを使う。１・２年生では、自分の考えの裏づけになる理由を意識させる。「○○だと思います。なぜならば～」という話形を図式化すると「なぜなぜシート」に変換できる。３年生以上では、複数の事実から共通の性質を見つけ、そこから自分の主張を考えさせる。
評価する		・一つの事象を複数の視点から分析するときに使用する。活動の振り返りに利用するのも効果的である。全学年で使用するが、ＰＭＩのプラス（ＰＬＵＳ）、マイナス（ＭＩＮＵＳ）、興味（ＩＮＴＥＲＥＳＴ）という視点については、文脈に応じて柔軟に変更していく。

①シンキングツールの効果

〈すっきりした感覚を実感させる〉

子どもたちは、普段の授業でも情報量が多くなると頭の中がごちゃごちゃして、何が何だかよくわからなくなるという感覚をもつことがあります。「何を手がかりに、どのように考えたらいいのだろうか」と路頭に迷うのです。一部の子どもは、過去の経験と関連づけて、何とか解決しようとすることもできますが、ほとんどの子どもたちは方法が見つかりません。

そのとき、ごちゃごちゃした机を整理するとすっきりして気持ちがよくなるという感覚と同じように、自分の頭の中を図を使って整理するという方法を身につけさせるのです。ミューズ学習を積み重ねていくと、書かなくても頭の中に図が浮かぶ子どもができてきます。

このように□を考えるときは、△のシンキングツールを使うのだということを習得させることで、考える手がかりを手に入れることになるのです。

〈対話型学習の活性化〉

子どもたちは日々さまざまな集団で学んでいます。そこには、いつも人が存在しています。

そのとき自分が考えたことを友だちに伝えたり、友だちの考えたことを理解するなど、互いにその意味を理解し合える道具が必要になってきます。

そのための道具の一つとしてシンキングツールが有効であると考えています。たとえば、「比較する」ということは「違い」と「同じ」を見つけることであることから、それらが見えるようにするためのツールとしてベン図が便利である——というように、思考スキルとシンキングツールを対応させています。

ベン図を使ったということは「比較して考えた」のだと互いに理解しているので、説明しなくてもベン図を見ただけでどのようにして考えたのかが相手にわかります。

加えて、伝える相手が校内に留まらず、国内外の交流校の友だちや、身の回りの大人であることが多いことも、一般性の高いシンキングツールを思考スキルに対応させた理由です。

②シンキングツールの活用事例

・比較する（3年生）

子どもに、ごはんとパンの2枚の絵を見せ、「何が同じで何が違うかな」と問いかけました。シンキングツールとしてベン図を電子黒板に映し出し、教師はそこに子どもの発言を記述していきます。

自分たちの発言がベン図に記入されていくようすを子どもたちは見ています。そうしながらベン図の使い方のイメージをもたせます。さらにそこから、「比べる（比較する）」ときのポイントを見つけさせます。

また、比較してみてどんな思いや考えをもったか自由に発言させると、同じものを比べていても、いろいろな考えが出てくることや、意外に「同じところ」が見つけにくいことなど、さまざまな気づきがあることが確認できます。

さらに、比較するためには視点をもつことが大切であることが浮かび上がってきます。

このようにして、「比較する」とは何かを教師が一方的に教えるのではなく、学習活動の中から見つけ出させることが重要です。教師は、子どもの気づきを整理したり補足したりして、比較することの概念を板書で見える形にするという支援をするのです。

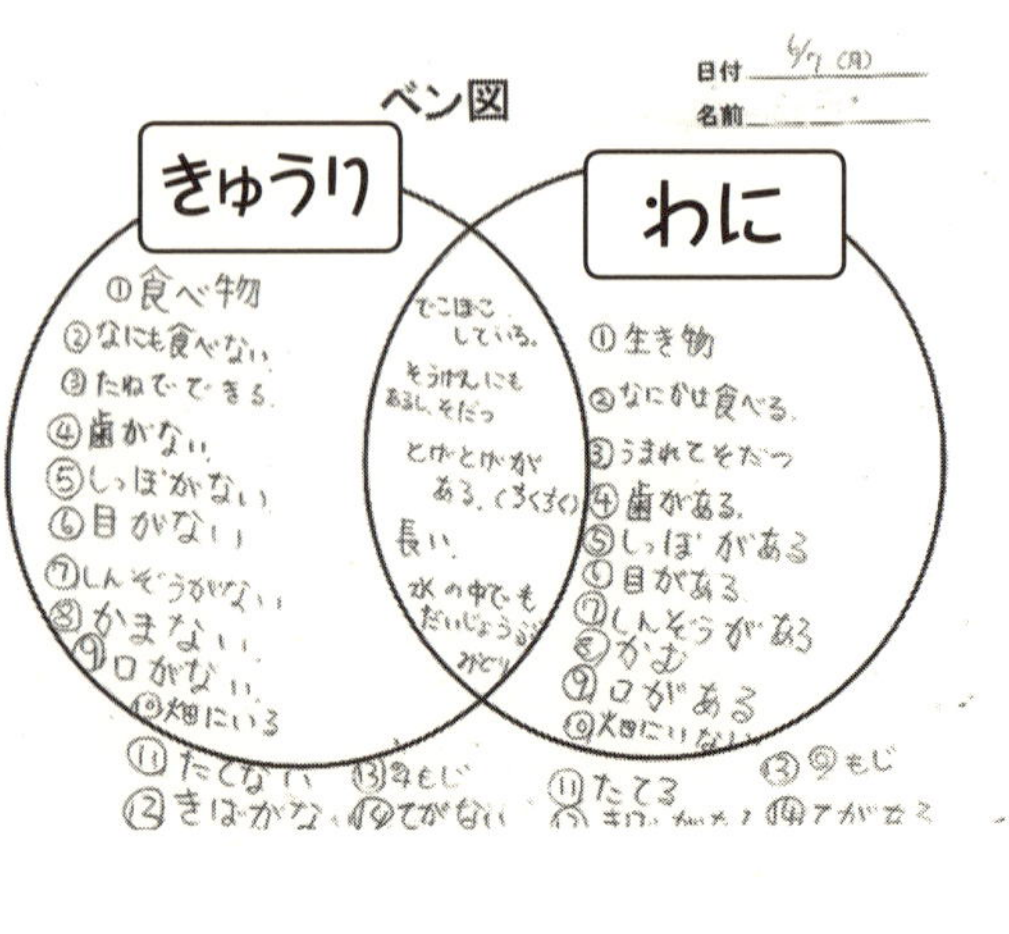

比べ方がわかったところで、今度は、一見、共通点のなさそうな「わに」と「きゅうり」の2枚の絵を見せます。視点をもつこととベン図の書き方を確認した後、「何が同じで何がちがうのか、今度は自分でやってみましょう」と言い、ベン図を配布し、子どもが記述した後、全体で話し合いました。

その中で、ある子どもが共通点の中に「食べることができる」と書いたことから議論が起きたのです。友だちと自分のベン図を比べて考えてみることで、子どもたちはさらにいろいろな気づきをもちました。

「2つのことについて、いろいろ知らないと比べられないなぁ」

「私は、2つのことについて知っていると思ったけど、案外知らないということがわかった」

「比較する」ためには、単に見えるところだけでなく、その裏にどんな事実があるのかを見つけ出すことも重要であるとわかったのです。

・「分類する」

1年生から3年生まで分類するときに使っているシンキングツールは、XチャートやYチャートです。分類するためには視点が必要であり、その視点をもとにいくつかに分ける場所が、Xチャートにはあるからです。

Xチャートは4つに分けたときに便利ですが、似た方法で3つに分けたときに便利なYチャートや5つに分けたときに便利なWチャートを使うこともできます。

1年生では、もも、みかん、バナナなどのくだものを仲間分けする授業に取り組みました。初めは、色、形という目に見える視点で仲間分けをしようとしますが、中には食べたときの味や種の

自分でYチャートをつくっているようす

あるなしで仲間分けをしようとする子どもが出てきます。

つまり、目には見えないけど、自分の経験から見えてくることを視点とすることができるようになるのです。

人によって分け方はさまざまであり、自分と違う見方・考え方に触れることによって、子どもたちはいろいろな解があることを実感します。

3年生では、一年間に自分が読んだ本を分類する学習に取り組みました。各自が図書館から借りた本のリストを用意し、その情報をもとに視点を決めて、分類しました。

T児は、本の種類で分類しています。分類作業を通して、図書館の中の本はすべて分類されていることに気づきました。そして、なぜそのようにしているのかを考えていました。

「みんなが借りたい本をすばやくとれるように、図書館の中も分類していることがわかりました」

と、彼女は授業の振り返りに書いています。

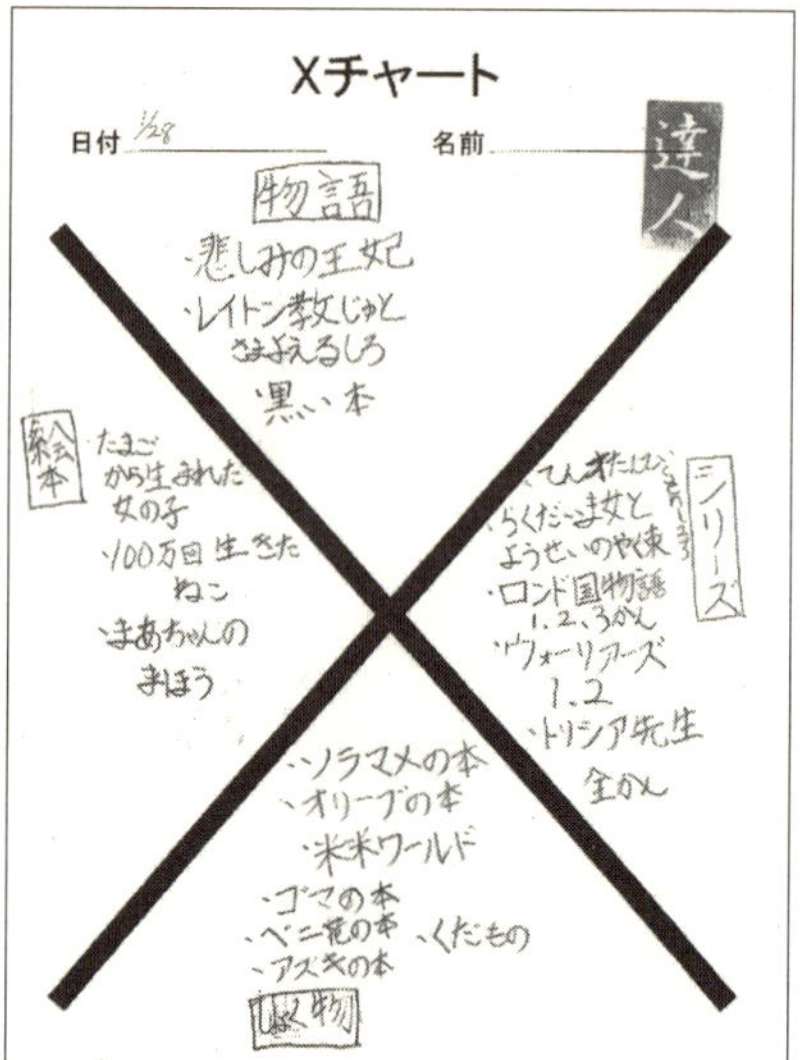

・「多面的にみる」

低学年ではくま手図、中学年以上ではボーン図を使っています。

1年生では、生活科で学年の畑で育てている野菜を観察したときのことを想起させ、そこで見たこと、感じたことを話し合いました。教師は子どもの発言を5つの視点「見たこと」「聞いたこと」「嗅いだこと」「触ったこと」「味わったこと」に分けて板書します。すると、当然のごとく「見たこと」が一番たくさん出てきます。そこで、

「みんなの発言を整理すると、こんな感じになったよね」

と言って板書に注目させます。そして、「これって何？」と問いかけながら、視点を浮かび上がらせます。

次に、「目から見たこと、耳から聞いたことはあったけど、他にないのかなあ？」とさらに問い直します。すると子どもたちは、「あっ、草のにおいがした」「葉っぱをさわったら、つるつるしていた」などと、目や耳以外の視点で感じたことを話し始めます。

その後、再度板書に注目させ、視点ごとに線で区切りを入れ、くま手図の形にしていきます。畑という一つの場所でも、感じ方はさまざまであり、多面的にみていくことで、畑のおもしろさを実感させられることがわかります。さらにくま手図を使うと、自分の感じ方や考え方を引き出す助けになることも理解できるのです。

中学年からはボーン図を使います。学習活動を通して、子どもたちに自分の主張を

いくつかの理由をもとにつくるときに便利であることを実感させます。

魚の頭には自分の意見を書き、大きい骨にはその理由を。小さい骨には理由の情報源などを書いておくと、後からもう一度調べたいときなどに都合がいいのです。

一枚のボーン図で、意見と理由と情報源が一覧できるので、友だちとの意見交換の際にも、個々の考えを伝え合う手段として効果的であることが理解できます。

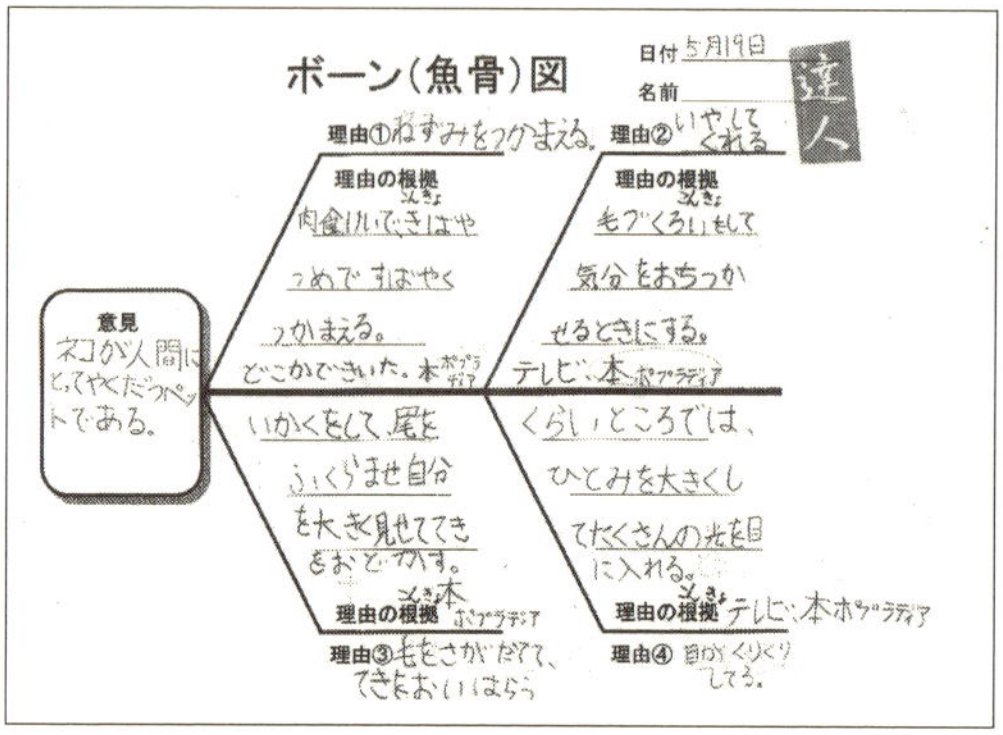

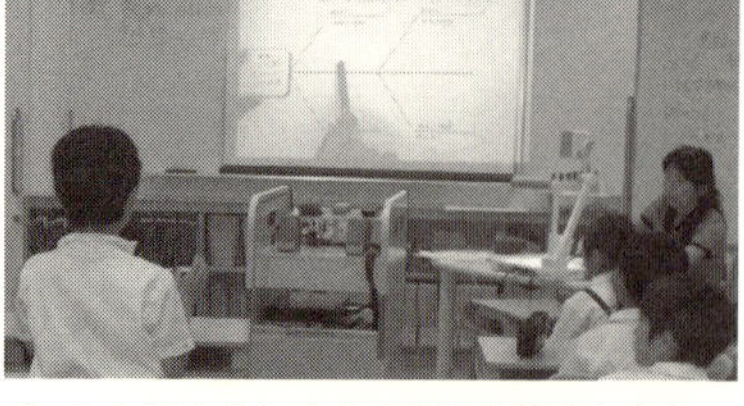

ボーン図をもとに自分の考えを発表し合う

・「関連づける」

コンセプトマップを使います。テーマに対して、必要なことばを付箋紙に書き、コンセプトマップに貼ります。

ことばとことばを線や矢印で結び、そこにどういうつながりがあるのかをことばで示します。最後にはコンセプトマップ全体を見てどんなことが言えるのかをまとめるという手順で使っています。

コンセプトマップ

コンセプトマップと似た図としてイメージマップやマインドマップなどがあります。

イメージマップは、ある事象に対するイメージをどんどん広げていくときに、また、マインドマップは自分の思考を自分なりに整理するときに、ことばだけでなく絵や色を使って図にまとめるようです。本校では、イメージマップを各教科等でもよく使っています。

しかし、ミューズ学習ではイメージマップのようにイメージをどんどん広げていく（想像する）思考スキルは扱っていません。整理したり分析したり論を組み立てたりするときに必要な思考スキルを選んでいます。

子どもたちに使わせるときは、図を使う目的を説明して使うようにしています。

キーワード間のつながりをじっくり考える子ども

・「構造化する」

「構造化する」では、ピラミッドチャートを使っています。ピラミッドを上下の階層に分けることで、上を主張、下をいくつかの事実というようにイメージしやすくなります。また、ピラミッドということばから、何かを組み立てていくという立体的なイメージや、上の方へいくほど、絞られ、鋭くなっていく感覚も大切にしたいと考えます。

低学年では「組み立てる」ということばを使い、ブロックやつみきを組み立てるイメージをもとに、文章やプランを組み立てることへと発展させます※。

・「評価する」

一つの事象を複数の視点から分析するときに利用できるシンキングツール「PMI」を使います。

PMIとは、アイディアをプラス（PLUS）、マイナス（MINUS）、興味（INTEREST）の視点から評価する方法です。これらの頭文字をとったのがPMIです。このツールは、学習活動の振り返りやある事象を

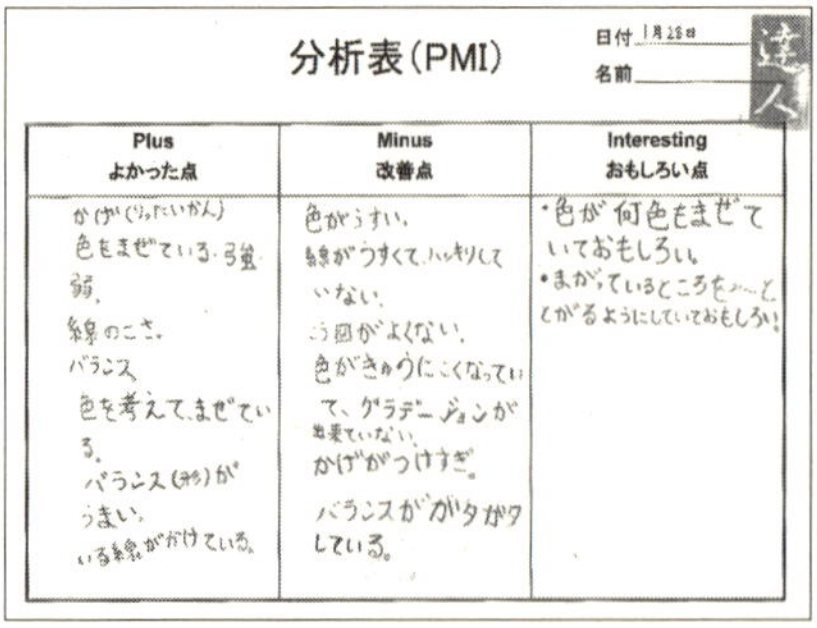

分析表（PMI）

日付 1月28日
名前

Plus よかった点	Minus 改善点	Interesting おもしろい点
かげ（りったいかん） 色をまぜている・強弱。 線のこさ。 バランス 色を考えて、まぜている。 バランス（形）がうまい。 いる線がかけている。	色がうすい。 線がうすくて、ハッキリしていない。 こう図がよくない。 色がきゅうにこくなっていて、グラデーションが出来ていない。 かげがつけすぎ。 バランスがガタガタしている。	・色が何色もまぜていておもしろい。 ・まがっているところをか～ととがるようにしていておもしろい！

PMIへの書き込み

ピラミッドチャートを使うようす

※　詳しくは、p.85～　実践編２を参照。

複数の視点から分析するときにも使えるので、教科等でも活用しやすいツールの一つだと思います。

たとえば3年生では、複数のクロッキーの絵を鑑賞させ、それを分析し、評価する学習活動に取り組みました。ＰＭＩに書いた後、友だち同士で意見交換をしました。「私は、このクロッキーの色がおもしろいと思ったけど、〇〇さんは構図がおもしろいと言っていて、逆に私は構図を改善点に挙げている。なんか見方がずいぶん違うなあと思った」などと、一致する面もあるけれど、人によって見方・考え方が違うことを改めて実感したようです。

(3) 子どもが取り組みやすい環境の整備

子どもたちを主体的に学習に取り組ませるためには、環境づくりがとても重要です。ミューズ学習は、考えることを考える時間ですから、かなりのエネルギーが必要となってきます。

もちろん考えたくなる文脈も重要ですが、考えたくなるような環境づくりにも必然的に力を注いでいます。

①考える達人カード

ミューズ学習は思考スキルを習得することであるといっても、子どもにはイメージ

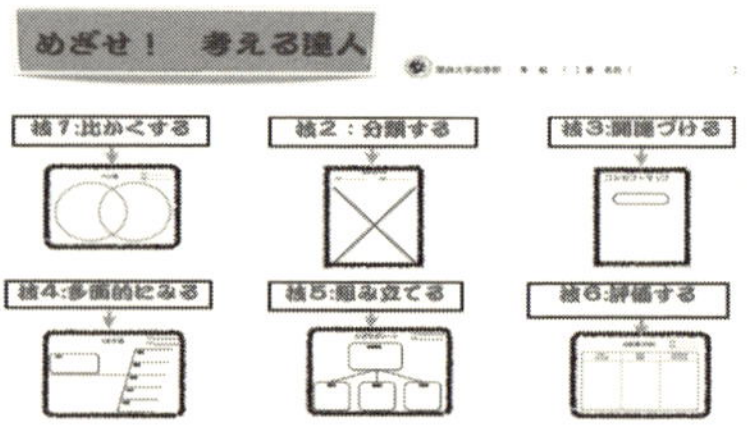

できません。

そこで、ミューズ学習のゴールが見えるように「考える達人になろう」という目標を設定し、意欲づけを図りました。「達人」ということばは1年生でもよく知っており、達人になるためには技が必要であることもイメージしやすいようです。そこで、子どもには思考スキルということばを使わずに「技」と言い、「考える達人になるために、６つの技をゲットしよう」と投げかけます。

達人に対して、子どもたちは「できる人」「上手な人」というイメージをもっていることから、ミューズ学習では「考えることの達人」を目指すことをゴールにしていること、そのために６つの技をゲットすること、さらに、技をゲットするときに便利な道具としてシンキングツールがあることを伝えました。

この３つを揃えることで、子どもにもミューズ学習のイメージがはっきりしてきたようです。

そのイメージをさらに具体化するために、学習がどこまで進んでいるのかが見える「達人カード」を用意しました。

達人カードは、低学年用と中学年用を用意しています。使用する用語

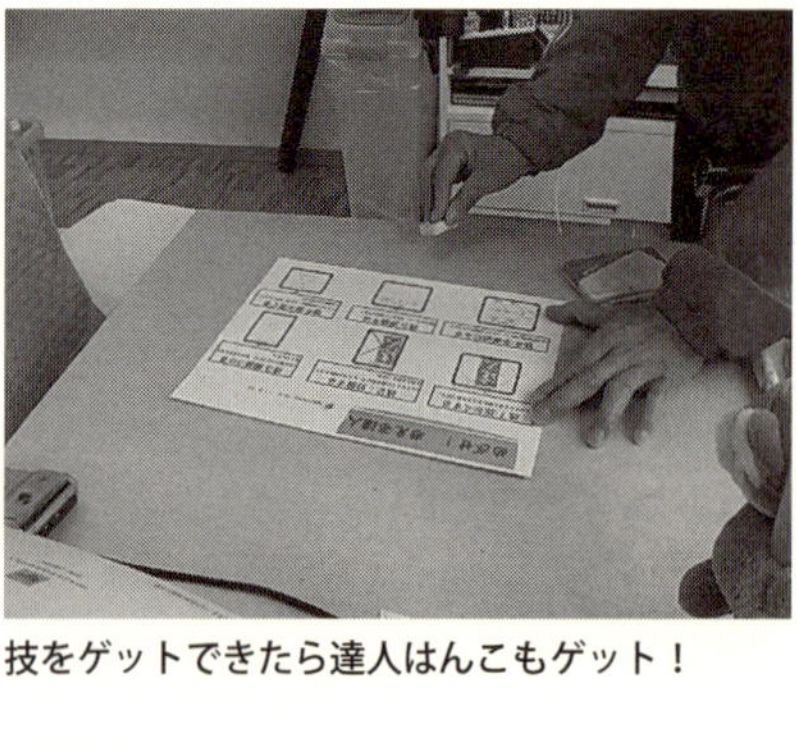

技をゲットできたら達人はんこもゲット！

やシンキングツールが多少異なるからです。達人カードはミューズ学習用に準備されたファイルの表紙にはさんで、いつも子どもの目に触れるようにしています。達人カードには、ミューズ学習で習得したい6つの技とそれぞれに対応したシンキングツールをのせ、技をゲットするごとに自作の「達人はんこ」を押すことにしています。

②掲示の工夫

ミューズ学習の雰囲気づくりとして、授業の場には、6つの思考スキルと対応するシンキングツールが一覧できるようにしてあります。かなり大きいので、子どもにはインパクトがあるようです。掲示を見ながら、「技6は、まだやってないよね」「技1と2は、達人はんこをもらったよ」などと、休み時間等に子どもたちが話しているのをよく耳にします。

掲示してあるシンキングツールには子どもの字で内容を示してあり、書き方がわからなくなったときのお手本にもなるようにしてあります。

手づくりのミューズ学習であるからこそ、子どもが興味をもてるような目標のことばや、学びの過程が見えるグッズ、掲示物などに気を配っており、これらは、子どもたちの学びに欠くことのできないものであると考えています。

一目見て学習することの内容がわかる掲示

（4）文脈を重視する

「思考スキル」ということばからは、授業の文脈や子どもの課題意識との関係性など感じられないかもしれません。思考スキル習得の授業をデザインするときに、最も苦慮するのはこの点です。思考スキルは単独で学べばよいのではなく、流れの中でないと本当には身につかないからです。

各教科、道徳、学活および総合的な学習の時間といったさまざまな授業場面で、思考スキルは登場します。そのため、ミューズ学習をどのような流れの中で、どの授業と関連づけるのがよいかについても考えることが必要になってきます。

たとえば導入段階では、日々の体験と関連づけることから入ります。そして、その思考スキルを使う必然性のある場面を考えなければなりません。

必然性が生まれたところで、教科学習や総合的な学習の時間などと関連させた課題に取り組ませます。このとき大事なのは課題の解決ではなく、自分で視点をもち、考えること。思考スキルを習得させるためには、全体を見て、どのような視点をもつべきかを考えさせる体験が重要なのです。

また、活動の中では子どもたちが困惑し、より突っ込んで考えなければならない場面に直面させることも必要です。このとき、どのような考え方をしているかについて、子どもたちとのやりとりの中で確認をしながら進めます。

しかし、このような流れを構築しただけでうまくいくとは限りません。実践を受けて、授業の組み立て直しも必要になります。

まずは子どもにとって興味のある分野を選ぶこと。それにより意欲的に学習に取り組むきっかけをつくり、さらに、教室や子どもの実態に即して繰り返し授業デザインを修正しながら進めていくのです。

以上のように、ミューズ学習は「思考スキル」そのものを教えるのではなく、そのスキルを使って考えるプロセスを体験することを重視するものです。つまり、いくつもの体験を通してその思考スキルに関する概念を獲得していくような体系的な授業デザインが必要であり、そのような授業をデザインしていくときには、どういうことばを投げかけるのか、どういう事例を提示するのかをはじめとした題材選びが鍵になることが見えてくると思います。

4 評価基準をつくる
――ルーブリック

測定困難な力を評価する。客観的で明快な基準を、学習者と共有することで、主体的な取り組みが実現する。

◎ルーブリックについて

ルーブリックとは、子どもの学習到達状況を評価するための、評価基準のことです。評価を行うためのものさしと考えてもいいでしょう。それは、量的に判断しにくい複雑な評価項目について、数段階に分けて達成度を記述し、判断する基準を示します。

知識・理解、技能といった「結果」は、単元終了時にペーパーテストなどで比較的容易に測ることができますが、思考・判断などの力は把握しづらく、簡単には測れません。それゆえ、ルーブリックは思考の学習に有効な評価の手段と言えるでしょう。

また、ルーブリックは教師だけのものではありません。

ルーブリックのよさは、子どもたちと共有することです。つまり、授業は教師がつくるのではなく、協働してつくり上げていく作品のようなものであるということです。

より子どもが主体的に授業へ参加するための手立てでもあるのです。

まず、授業の導入で、到達基準を子どもと話し合います。そして、その基準を示すものを子どものことばに置き換えて板書します。

ここがポイントなのです。

子どもたちは、明示されたものさしを持って、授業のゴールをめざします。目標に到達するために懸命に努力するわけです。そして、授業後、ルーブリックに照らして自分は何ができて、何ができていないのかを振り返り、次の時間のめあてをもちます。

この営みこそが、主体的な学習者を形成するためにとても重要だと思います。

ミューズ学習は、子どもたちの主体的な取り組みによる思考スキルの習得をねらいとしています。ですから、そこにルーブリックを取り入れるのはごく自然なことなのです。

◎ルーブリックの作成と実際

私たちは、以下のように到達レベルをS・A・B・Cの4段階で定義し、子どもの学びがどのレベルまで到達しているかを測ることで、客観的な評価が実現可能になると考えました。

	S	A	B	C
思考スキル				

S：Super（期待する思考活動以上に、何かプラスαが見られる）
A：十分満足できる（期待する思考活動が十分見られる）
B：概ね満足できる（期待する思考活動は見られるが、未到達な部分もある）
C：努力を要する（期待する思考活動が見られない）

(1)ルーブリック作成のポイント

ルーブリックを作成するにあたっては、以下の４つの要件を重視しました。

①各段階における子どもの状態をより具体的に表記し、誰が見ても判定が一致するようにする。

②教師と子どもが共有する。

③ルーブリックの作成に子どもも何らかの形で関わる。

④達成状況を示す具体的なようすをより子どもの立場に立った記述にする。

①と④は、授業デザインにかかわって、教師側が意識しておくことであり、②と③が、子どもとともに授業をつくるという視点に置いて重要な要素、つまり、学びの意識化を図る授業デザインには欠かせない要素だと言えるでしょう。

(2)ルーブリックの活用の実際

①ミューズ学習での活用

3年生で行った「食べ物について自分の考えをまとめよ」は、国語「3年1組食べ物のひみつ百科を作ろう」の学習と関連づけたミューズ学習です。

国語では、説明文の文章構成を学習した後、米、じゃがいも、牛乳、魚、大豆の5つの食べ物から、自分が関心のあるものを選択し、調べ学習に取り組みました。

ミューズ学習では、その情報をもとに自分の考えをコンセプトマップを使ってまとめる学習活動を準備しました。その際、「関連づける」という思考スキルを習得させようと考え、授業をデザインしたのです。

〈ルーブリックをつくる〉

教師は、授業をする前に「関連づける」思考スキルのルーブリックを作成しておきます（表1）。

この授業のねらいは、「コンセプトマップをつくることを通して、キーワードと自分のテーマとのつながりを意識しながら考えをまとめることができる」です。そして、文脈としては国語の授業と関連づけて、食べ物を題材にしました。

そこで、授業に即してさらにルーブリックを具体化します（表2）。

ここまで準備し、授業をデザインします。

そして、授業の導入段階で、学習活動において何ができたらよしとするのかを、子どもとの対話の中で明確にしていきます。当然、教師が考えていたルーブリックとのズレが生じます。

　大きなズレは、ルーブルリックに基づいた授業がデザインできていたかどうかが問題となります。大きなズレの生じた場合は、その内容をもとに、新たな授業デザインを再編成することになります。

　このように、ルーブリックは評価だけのツールではなく、授業デザインの軸となるものでもあるのです。

　授業の終末では、子ども自身がルーブリックをもとに自分自身の学習活動の振り返りをしま

■表1　思考スキルのルーブリック

	S	A	B	C
関連づける	つながりをもとに，筋道立てて自分の考えを説明する。	意味をもって、ことばとことばにつながりを見つける。	ことばとことばのつながりは見つけようとしている。	見つけられない。

■表2　単元に即したルーブリック

	S	A	B	C
関連づける	自分の調べた食べ物に関するキーワードを線でつなぐ際、つなぎのことばが書き込めている。みんなが自分の調べた食べ物に対してどのように考えているかがわかる。	自分の調べた食べ物に関するキーワードを線でつなぐ際、つなぎのことばが書き込めていて、自分なりの考えをまとめている。	自分の調べた食べ物に関するキーワードを線でつなごうとはしているが、つなぎのことばがほとんどかけない。	ことばとことばをつなげられない。

す。そして、授業後は教師も授業中の子どもの発言や取り組みのようす、シンキングツールへの書き込みなどをもとに、個々の学びについて振り返り、教師評価に取り組みます。

下の写真は、この授業の板書です。

子どもとつくったルーブリックは

S：みんなが納得する

A：まとめの文が書ける

授業を参観されていないと、これがルーブリック？と思われるかもしれません。しかし、子どもとのやり取りの中で、実際に出てきたキーワードのみを書くようにしています。

もちろん、学習の途中で活動がずれていく場合もありますが、その時は活動を止めて、もう一度ルーブリックに戻るようにします。

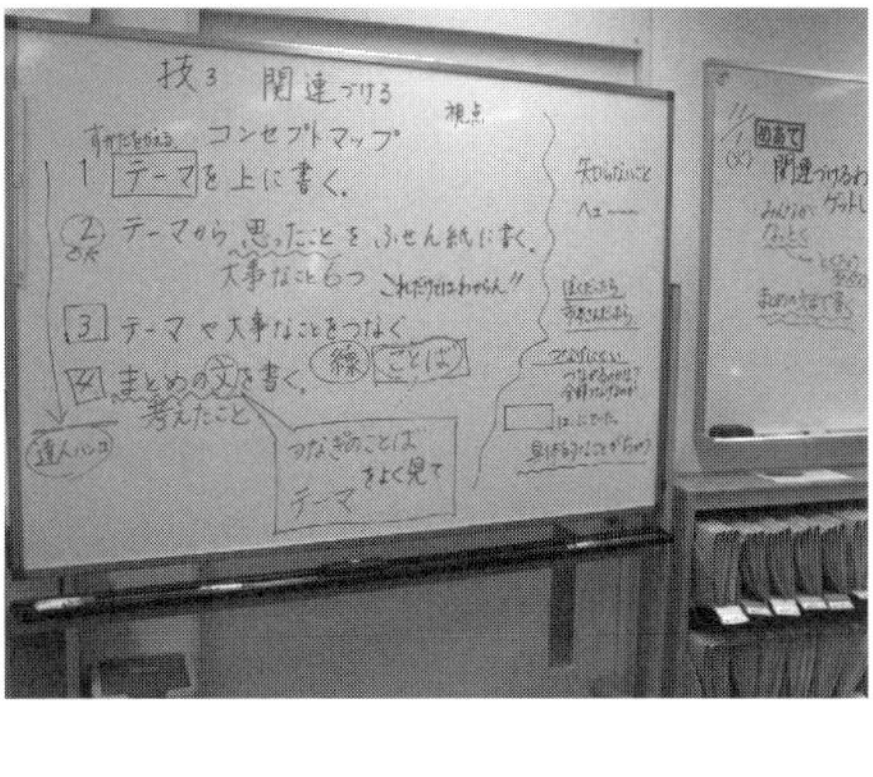

〈評価活動〉

この学習活動では、子どもたちの活動途中のようすとコンセプトマップが評価対象になります。

S児は、自己評価はA。たしかに書けてはいますが、まとめの文が感想レベルになっています。ここには、キーワードの相互関係および全体の関係が見え、それをもとに

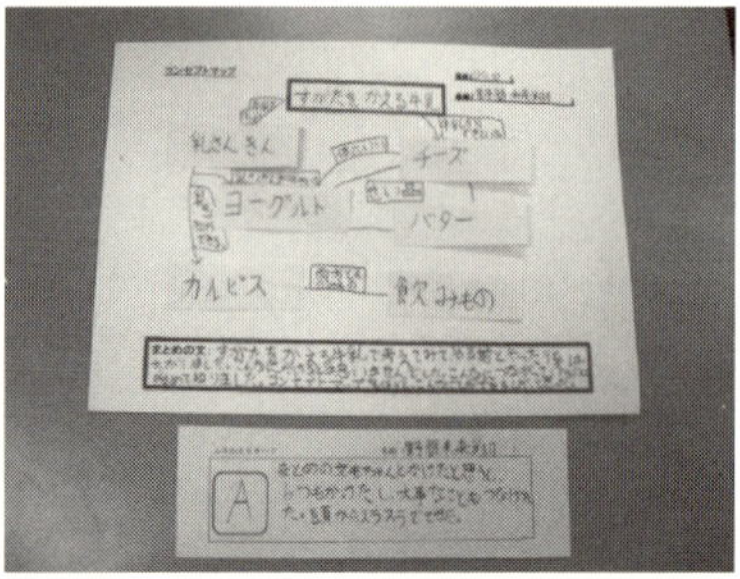

S児のコンセプトマップと自己評価

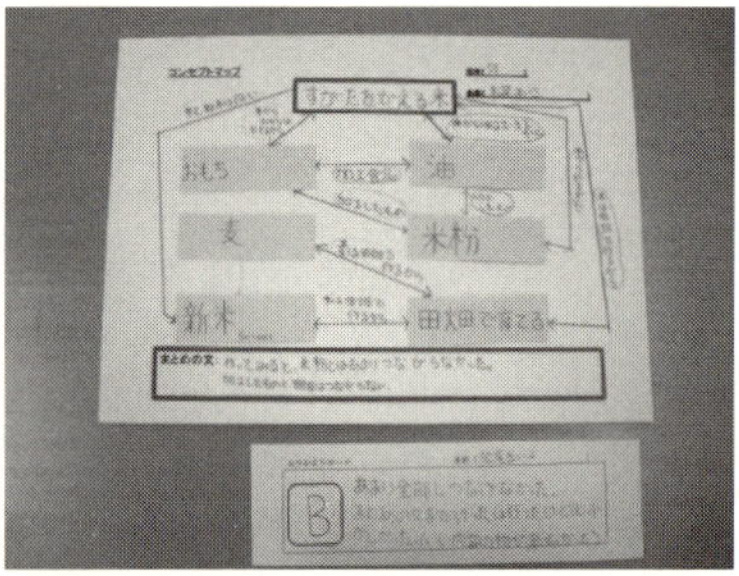

M児のコンセプトマップと自己評価

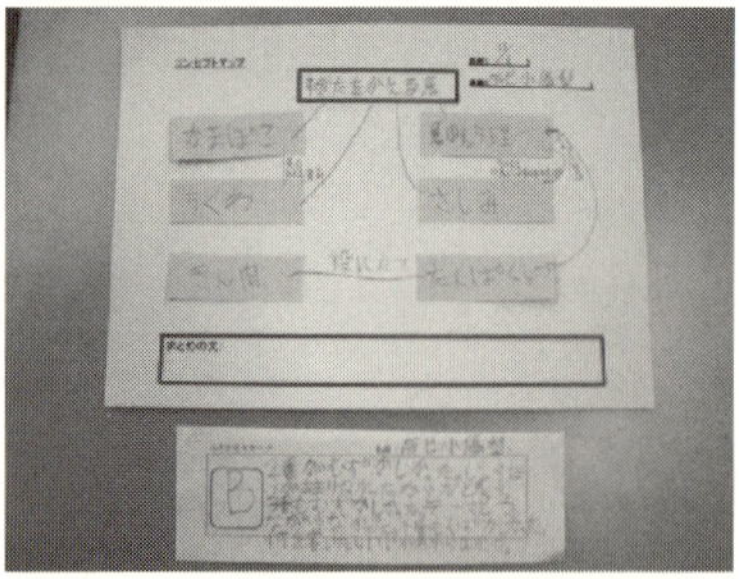
T児のコンセプトマップと自己評価

自分の考えを書かなければなりません。ですから、自己評価BとなっているM児の方が、結果的にはAという評価になります。

また、T児はテーマとキーワードのつながりは見つけ出せたのですが、キーワード間のつながりが見つけ出せなかったようです。しかし、T児は一生懸命考えているようすが見られました。授業後、本人に聞いてみると、わからなかったのではなく、ことばに表せなかったようです。時間が足りなかったとも話していました。

教師はA基準を「自分の調べた食べ物に関するキーワードを線でつなぐ際、つなぎのことばが書き込めていて、自分なりの考えをまとめている」ことと考えており、これは子どもたちとつくったルーブリックとも合致しています。

しかし、教師の授業デザインの反省点として、「まとめの文とは何なのかの押さえが甘かった」「コンセプトマップを作成する時間の保障が不十分であった」の2点が挙げられ、今後の授業改善の視点となりました。

あえてまとめの文まで書かせず、コンセプトマップをつくることに集中させ、しっかりと時間の保障をすることで、もっと子どもたちは「関連づける」思考スキルを使って考えることができたのかもしれません。

このように、ルーブリックは「考えることを考える時間」の学習に欠かせない道具なのです。

②教科におけるルーブリック活用

教科においても、それぞれの教科学習において思考単元を構想し、実践に取り組んでいます。

その中で、3年生の国語科「世界の民話を読もう」の実践を紹介しましょう。

単元の目標は以下の通りです。

○世界の民話に興味をもち、進んで読もうとしたり、積極的に紹介したりしようとしている。（関心・意欲・態度）

○場面の移り変わりと人物の心情や行動をとらえ、民話のおもしろさを感じ取ることができる。（読む能力）

○紹介する民話のおもしろさが伝わるように、読み聞かせをすることができる。（読む能力）
○難解語句を調べるために辞書を利用することができる。（言語事項）

この目標に迫るためには、複数の民話を読み比べるという学習活動が必要だと感じました。そこで、カンボジアの民話はないかと探しましたが※、日本語訳の本が見つかりませんでした。代わりに、タイやインドなどの東南アジアを中心に8カ国の民話を集めました。

8つのグループに分かれ、「個々のグループで民話を一つ選択し、民話を読み、お話の構成をまとめ、全体で話し合いをする」「『三年とうげ』（光村図書出版）を読み、自分の読んだ民話と比べる」という2つの比較学習を用意しました。また、子どもの学習意欲の視点から、学習のゴールは1年生への読み聞かせをするという活動を用意しました。

以下が大まかな指導計画です。

一次	知っている民話や昔話について発表し合い、学習計画を立てる。 ８カ国の民話を読み、感想を出し合う。
二次	８つのグループに分かれて、民話を一つずつ選択し読む。 民話の組み立てを考え、まとめる。 各グループの民話の組み立て方を発表し、比較し、共通点や相違点をまとめる。
三次	教科書の教材文「三年とうげ」を読み、あらすじを読み取る。 自分の読んだ民話と比較し、共通点や相違点をまとめる。
四次	1年生への読み聞かせの練習をする。 読み聞かせをし、1年生に評価してもらう。 学習のまとめをする。

※　総合的な学習の時間で東南アジアにあるカンボジアの友だちとの交流に取り組んでいるため。

〈ルーブリックをつくる〉

この単元では、ミューズ学習との関連で「比較する」思考スキルを活用させる授業展開にしようと考えました。そこで、教師は、授業をする前に「比較する」思考スキルのルーブリックを作成しておきます（表3）。

この単元では比較する場面が2つあります。その中で、教科書の教材文である「三年とうげ」と自分の読んだ民話を比較する学習を授業に即して、ルーブリックを具体化しました。

ここまで準備し、授業をデザインします。

この授業では、「三年とうげ」のあらすじを読み取った後、「起承転結」の枠組みで組み立てを整理しました。その後、自分の読んだ民話との組み立て方を比較しました。

下の写真は、この授業の板書です。

子どもとつくったルーブリックは

S：2つだけでなく、他の民話とも比べて考えをノートにまとめる

A：起承転結のどの部分がどのようにちがうのかノートにまと

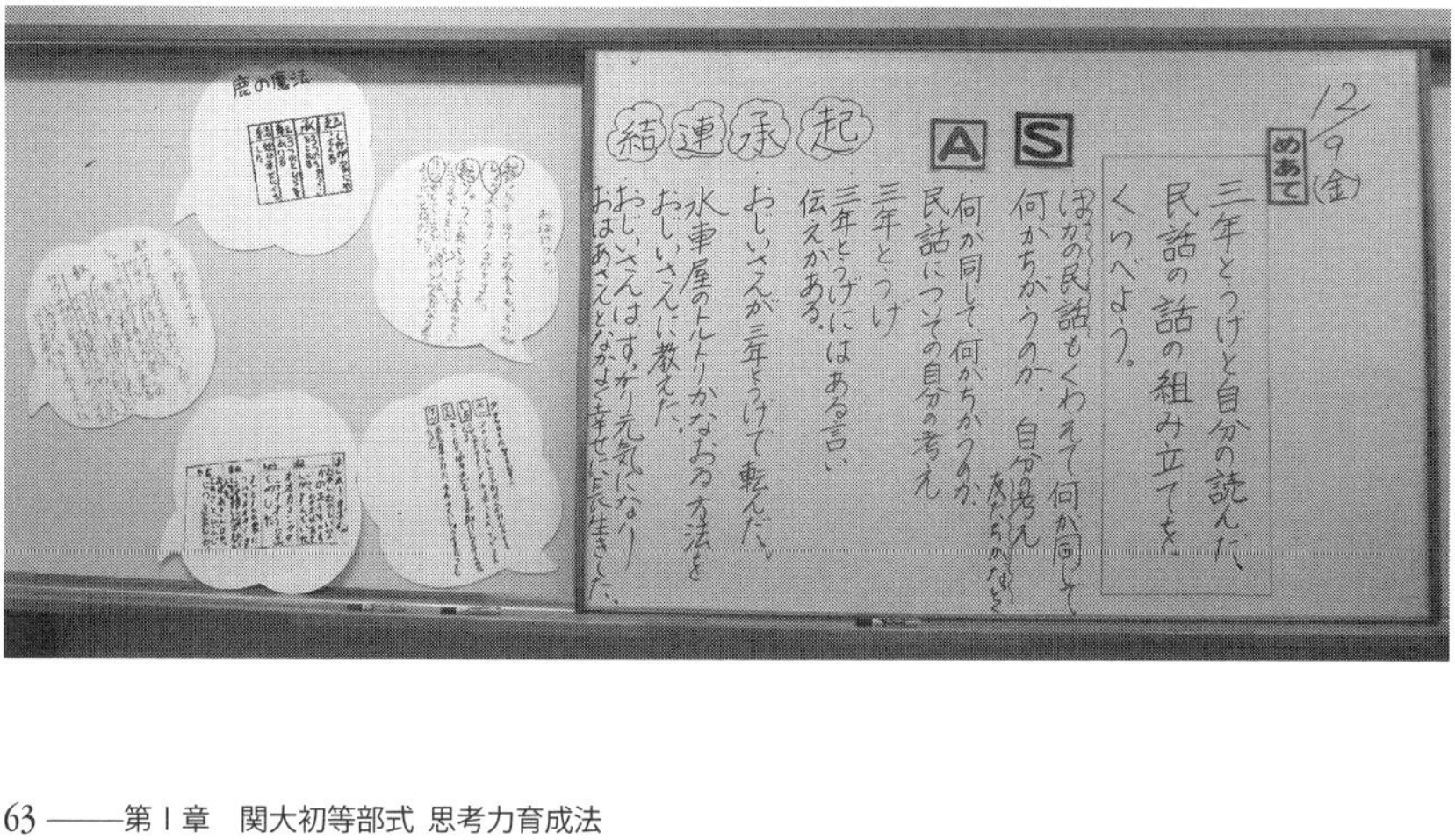

める

でした。

〈評価活動〉

この学習活動では、子どもたちの学習活動途中のようすと1年生の評価が評価対象になります。

ドイツの民話「おばけりんご」を読み聞かせしたグループは、登場人物になりきって読もうと、感情を込めて読む工夫をしていました。すると、1年生からは「本の内容が楽しかった」「家にもあるけど、ここで読んだ方が楽しかったし、おもしろかった」と高い評価が得られました。1年生の場合は4段階は難しいので、2段階評価にしています。ちなみに、「にこにこ」「なきなき」と子どもたちにわかりやすいように評価のことばを教えています。

■表3　思考スキルのルーブリック

	S	A	B	C
比較する	背景に潜む相違点と共通点をもとに自分の考えをもつ。	背景に潜む相違点と共通点を指摘する。	明示的な相違点、共通点を指摘する。	相違点、共通点の指摘が不正確である。

■表4　単元に即したルーブリック

	S	A	B	C
比較する	「三年とうげ」と自分や友だちが読んだ民話の全体を比較し自分の考えをもつ。	「三年とうげ」と自分が読んだ民話の組み立てについての相違点と共通点について考えをもつ。	「三年とうげ」と自分が読んだ民話の組み立てについての相違点と共通点は指摘する。	相違点、共通点の指摘が不正確である。

3年生の子どもたちの振り返りの中の記述によれば、起承転結を勉強し、民話の組み立てを考えて読むことで、お話のあらすじがとらえやすくなったようです。また、いろいろな民話に触れ、他の民話はどんな組み立てになっているのか読んでみたいという感想も述べていました。

民話を比較するという学習活動は、子どもたちの民話に対する関心を高めたように思います。

「比較する」という思考スキルにも、ミューズ学習で習得しているスキルなので、自然に学習活動の中に組み込まれて授業が展開できたと考えます。

このようにルーブリックは教科学習の中でも、思考に焦点を当てた授業を構想したり、評価したりすることに効果的でした。

こくご　よみきかせ　ひょうかカード

1ねん1くみ　　なまえ（　　　　　　）

◆ 3ねんせいのおはなしのよみかたは、どうでしたか。

なまえ	にこにこ◎	なきなき△
いかい	◎	
ひろかわ	◎	
かわの	◎	
しんぼ	◎	

かんそう

大きなこえではっきりいえていた。むずかしそうなた本のないようがたのしかった。

国語「読み聞かせをしよう」ふり返りカード

名前（　　　　　　）

★ 読み方の工夫

内容	登場人物の気持ちになりきる	S
	場面の様子を思いえがく	A
表現	動作をつける	A
	アイコンタクト	S
	声のよくよう	A

★感想

一年生に読み聞かせをしました。最初は、ちゃんと聞いてくれるかなぁと思って読み聞かせをしていたら、とてもびっくりしました。なぜなら一年生がねっ心に聞いてくれていたからです。初めて読み聞かせをしたので、とてもいいけいけんになりました。また読み聞かせをしたいです。民話の組み立ての「起・承・転・決」をイメージしながら読み聞かせができました。他の民話も読んでみたいです。

◎教育的効果

最大の効果は、子どもたちが自らの立ち位置を自覚し、より高い次元へ自分を高めようとすることです。子どもたちはみんなSをめざしたいのです。

授業において教師は、子どもたち全員をA基準に到達させようとさまざまな支援を試みます。

しかし、子どもは、AではなくさらにIC高いレベルであるSを目標にします。それは、学年を超えた学習内容や能力を身につけたいという彼らの思いなのだと考えます。「先生、Sの上はダブルSだよね」などと言う子どももいるぐらいですから。

教師の側にしてみると、客観的でしかも一貫性のあるルーブリックをつくることで教師評価を明確にすることができます。

見えにくい「考える力」を評価することが可能になってくるのです。

ルーブリックをつくるのは容易なことではありませんが、ブレないものさしをつくることで、子どもへの的確な助言や支援ができ、思考力の育成に大きくつながります。

今後さらに実践を積み重ねることで、思考力の評価方法として、また教師の授業改善として、よりいっそう子どもの学習意欲を高めることにつながるルーブリックの作成と運用のあり方について検証していくことも必要であると考えています。

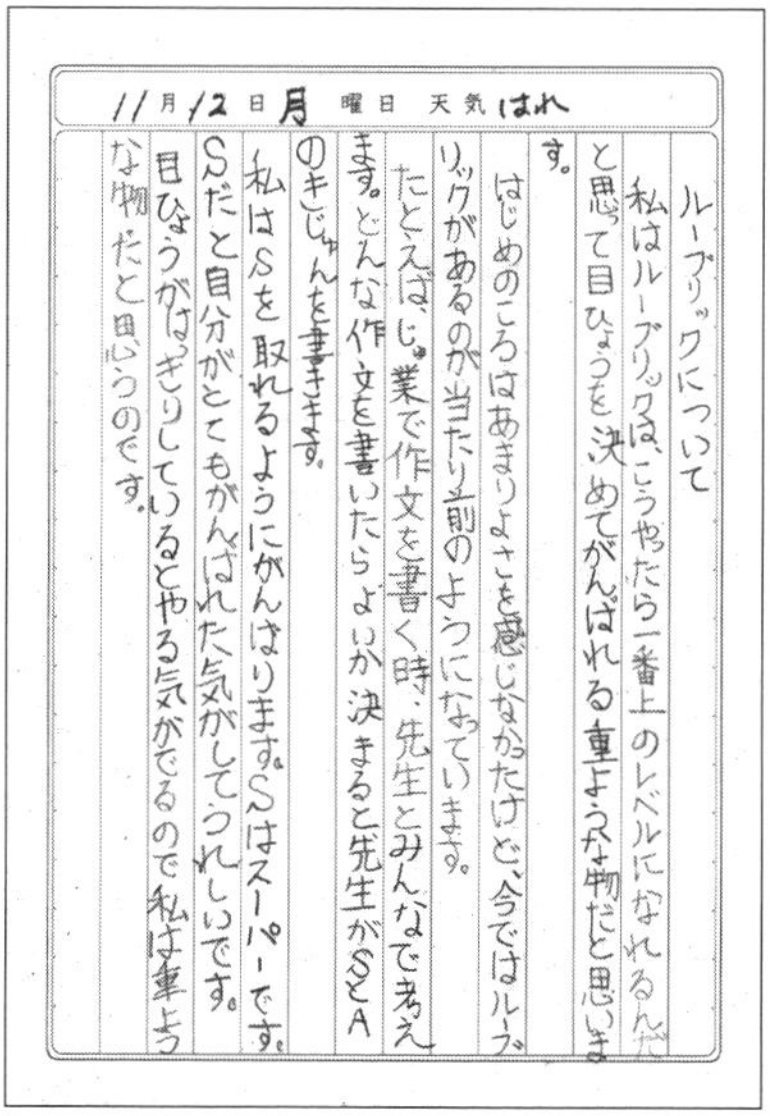

11月12日月曜日 天気はれ

ルーブリックについて

私はルーブリックは、こうやったら一番上のレベルになれるんだと思って目ひょうを決めてがんばれる重ような物だと思います。

はじめのころはあまりよさを感じなかったけど、今ではルーブリックがあるのが当たり前のようになっています。

たとえば、じゅ業で作文を書く時、先生とみんなで考えます。どんな作文を書いたらよいか決まると先生がSとAのキじゅんを書きます。

私はSを取れるようにがんばります。Sはスーパーです。Sだと自分がとてもがんばれた気がしてうれしいです。目ひょうがはっきりしているとやる気がでるので私は重ような物だと思うのです。

COLUMN

シンプルさが多様性を保証する

堀田龍也 ◉玉川大学教職大学院　教授

個人的な話で恐縮だが、「KJ 法」を初めて知ったとき、筆者はかなり驚いた。KJ 法という方法があることに驚いたわけではない。KJ 法が実にシンプルであることに驚いたのである。シンプルな方法であるにも関わらず、複雑な問題を解決する際に活用することができる。さらに、同じ問題場面で KJ 法を用いたとしても、関わった人たちによって必ずしも同じ解決方法になるわけではない。個性的な問題解決が可能である。

シンプルであるということを、安直であるとか、細やかさが不足しているとか、そんな風に思い込んでいた自分のステレオタイプな発想を恥ずかしく思った。その後は、複雑な思考を支えるシンプルな KJ 法の魅力にすっかりとりつかれてしまった。

関西大学初等部では、思考スキルを児童に身につけさせるミューズ学習に取り組んでいる。同校が思考スキルを育てるために用いているシンキングツールは、どれもシンプルだ。しかし、これらのツールを活用して行われた児童の思考は実に多様で複雑である。そして「その子らしさ」が滲み出ている。

シンプルな KJ 法が多くの問題解決に用いられているように、同校で児童に身につけさせている思考スキルはシンプルであるが、それを用いて展開されている学びは実に深い。ツールのシンプルさがむしろ学習成果の多様性を担保している。

同校の研究は、公立学校でも十分に追試可能だ。だってシンプルなのだから。

第Ⅱ章 実践編

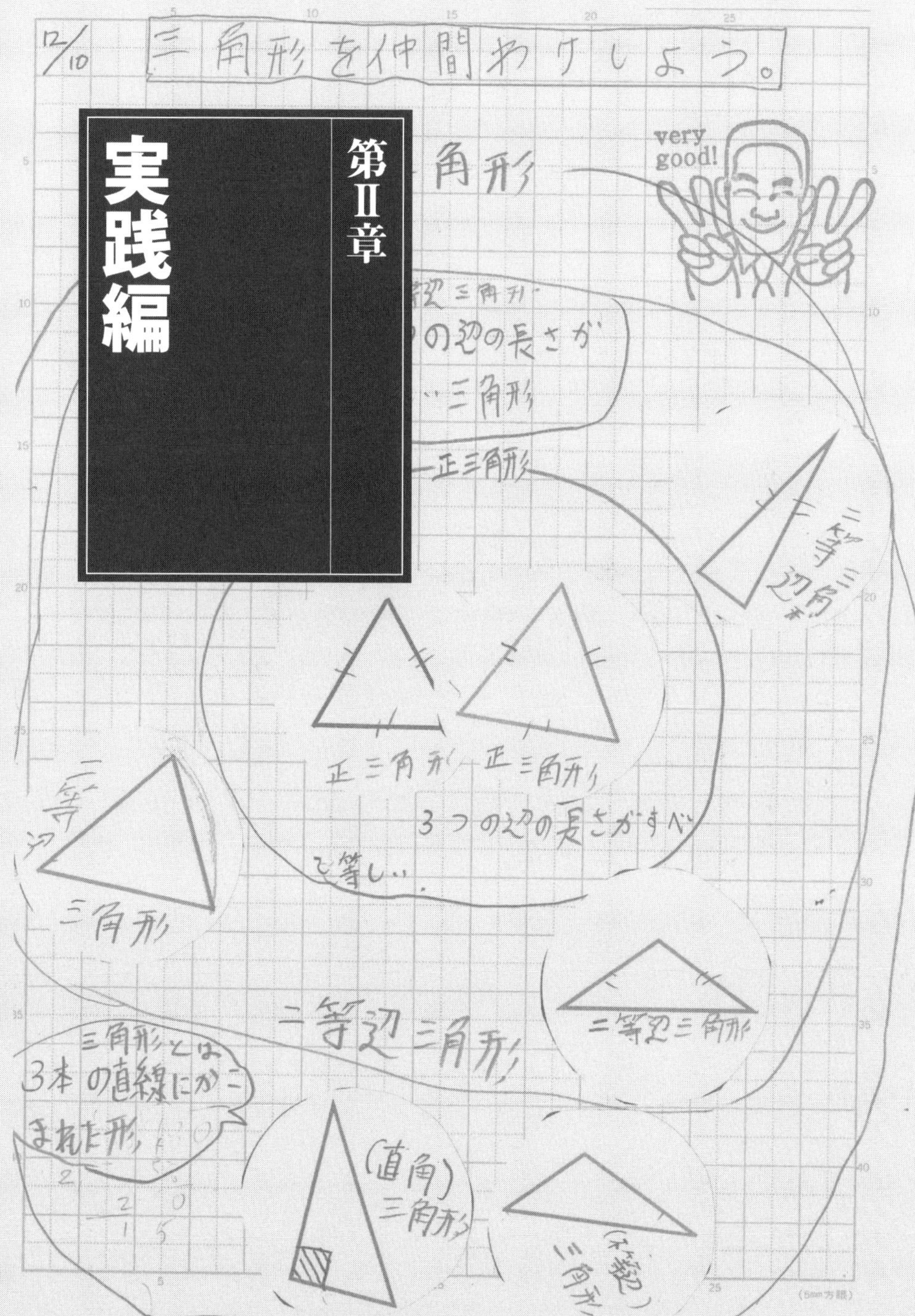

三角形を仲間わけしよう。
very good!
正三角形
正三角形
3つの辺の長さがすべて等しい。
二等辺三角形
二等辺三角形
三角形とは3本の直線にかこまれた形
(直角)三角形

1 「比較する」思考スキルの習得

教科名：ミューズ学習
学　年：1年
単　元：比べる技をゲットしよう

❶ 単元の構想

「比べてごらん※」と言った場合、小学1年生のほとんどの子どもは、

「鉛筆の長さを比べた。長いのと短いのがあったよ」

「背の高さ。お兄ちゃんはぼくよりも高かった」

というように、違いに目をつけて話します。

しかし、「比べる（比較する）」ときには、違いだけでなく同じことにも目を向けることが必要です。

そこで、「何が同じで何が違うのか」という視点をもつことをねらいとした学習を考えました。

「比較する」思考スキルを習得するためにシンキングツールのベン図を使うと、「何が同じで何が違うのか」が見えやすくなります。

※　学習初期段階では「比較する」について「比べる」ということばを使っている。ミューズ学習では、学年差を考慮し同じ思考スキルでも子どもが日常聞いたことがあることばを用いるようにしている。

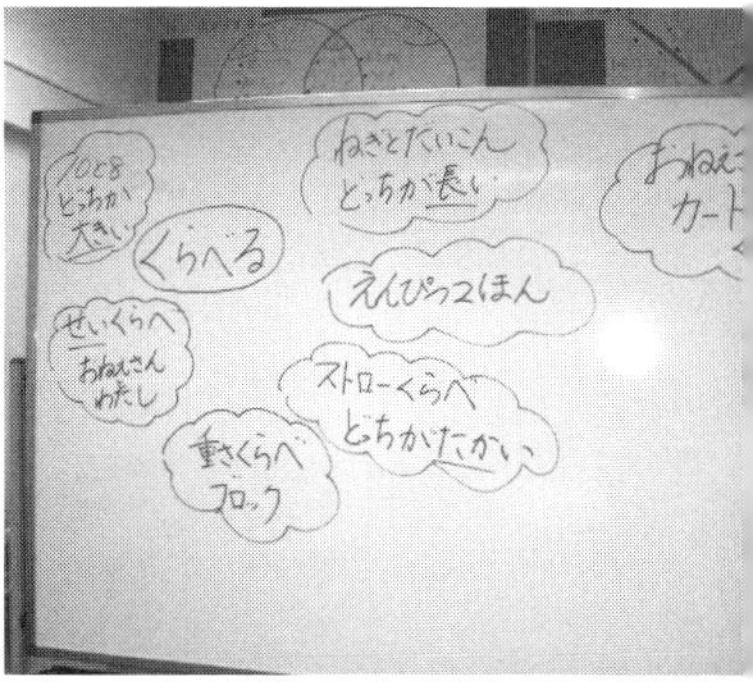

子どもが語る「比較する」経験

ところが、1年生の段階では、抽象化された図に出合うことが少なく、「ベン図」は見たこともないという子も多くいます。図そのものがどのような意味をあらわしているのか、引かれた線や囲まれた丸の意味についての理解にも個人差があります。

そこで、思考スキルやシンキングツールを提示して子どもに覚えさせるのではなく、「比較する」ということそのものの意味に気づかせることに重点を置いて授業を構成しました。

❷ 単元の計画と使用するシンキングツール

本単元は2時間扱いです。

第1時では、「比較する」とはどういうことなのかを理解し、第2時では、ベン図を使いながら「同じこと」と「違うこと」を見つけていきます。

◉単元の計画

時	ねらいと学習活動	使用するシンキングツール
第１時	**（ねらい）** 比較するときには、「違うこと」だけでなく「同じこと」にも目を向けることがわかる。 **（学習活動）** １　比較した体験を話す。 ２　目の前で、教頭先生と塩谷先生を比較してみる。 ３　違いだけでなく、同じことも探してみる。	
第２時	**（ねらい）** ベン図の重なり部分が「同じこと」であることがわかる。 **（学習活動）** １　モモとバナナを比べる。 ２　ベン図に、「違うこと」や「同じこと」を書いてみる。	ベン図 ・「違うこと」と「同じこと」をベン図のどこに書くのかがわかる。

◉シンキングツールについて

この単元では、比較するときに便利な道具（ツール）として「ベン図」を提示します※1。１年生が文字を書き込みやすいように、シンキングツールはＡ３版で印刷しておきます。

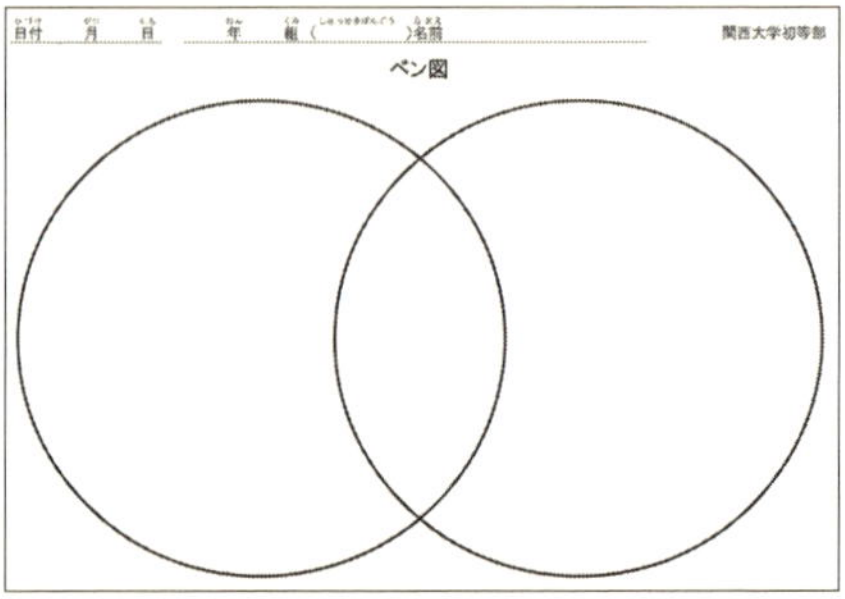

※１　数学では「ベン図」を集合で扱うが、ミューズ学習では、「比較する」思考スキルを習得するときの補助として扱う。

❸ 授業の流れ・ポイント

◆本時のねらい

本時は、2時間扱いのうちの第1時です。

この単元の第1時では、どうすることが「比較する」ことなのかを学びます。「比較する」ということは「違うことだけでなく同じことも見つけることだ」と、授業の中で子どもたちが自ら気づいていくことを、本時のねらいとして位置づけます。

そして、本時で「比較する」ことの意味に気づいた後、第2時では比較するときに便利な道具（ツール※2）である「ベン図」の使い方を知ることを主な学習活動として取り組みます。「ベン図」の重なり部分が「同じこと」を表すということを理解するような指導を行っていきます。

なお、本時は初めてのミューズ学習の時間でもあります。

ミューズ学習とはどんな時間なのかを、子どもたちと共に描き、これからの学びが楽しみになるようなスタートを切りたいと考えています。

※2　子どもには、「ツール」より「道具」と言う方がイメージしやすい。

◉本時の計画

第1時	学習活動	備考
導入	1　ミューズ学習は「考える達人」になるための授業であることを確認する。 2　本時のめあては、「比較する」技をゲットすることであることを確認する。 3　各自の体験を話し合う。 「なにかとなにかを比べたことがありますか」 ・背の高さを比べたことがある。 ・鉛筆の長さを比べたことがある。	・初めてのミューズ学習の授業のため、学習の目的を子どもと共有する時間をもつ。 ・各自に配布する達人カードを用意して見せる。（準備：達人カード）
展開	4　目の前にある2つのものを比較してみる。 「教頭先生と塩谷先生を比べてみましょう」 ・教頭先生は男。塩谷先生は女。 ・教頭先生はめがねをかけていない。 ・塩谷先生はめがねをかけている。 ・教頭先生も塩谷先生も、先生。 5　「違うこと」や「同じこと」を見つけるときに使う道具としてベン図を見せる。	・子どもたちが違いにのみ目を向けていた場合は、「違いを見つけていただけでは達人にはなれません」と促す。 ・それでも気づかないときには、両方の先生に、回答が同じになることをインタビューする。 （評価） 比較したときに、違うことだけでなく同じことも探すことができたか。（シンキングツール・観察） ・ベン図を見せる。（準備：ベン図）
まとめ	6　学びを振り返る。	

◆授業のポイント

【ポイント1】子どもに合うことばでイメージさせる

ミューズ学習は「思考スキル」を習得する時間であると言っても、子どもたちには伝わりません。そこで、次のようなやりとりをしながら、子どもの目線からミューズ学習の目的を確認します。

T：ミューズ学習は、達人になるための学習です。

［「達人」と板書する］

C：たつじんって、きいたことがある。

T：どんな達人を知っていますか。

C：たいこのたつじん

C：マラソンのたつじん

C：しょうぎのたつじん

T：達人とは、どういう人のことを言いますか。

C：じょうずなひと

C：プロ

達人という言葉を見せる

T：ミューズ学習では、「考える達人」になります。

〔達人の前に「考える」と板書する〕

考える達人になるには、技が必要です。達人になるには、技をいくつかゲットしなくてはなりません。

今日のミューズ学習では、比べる技をゲットします。

〔「比べるときの技をゲットする」と板書する〕

比べる技をゲットできたら、達人カードにはんこを押します※。

〔「達人カード」を見せる〕

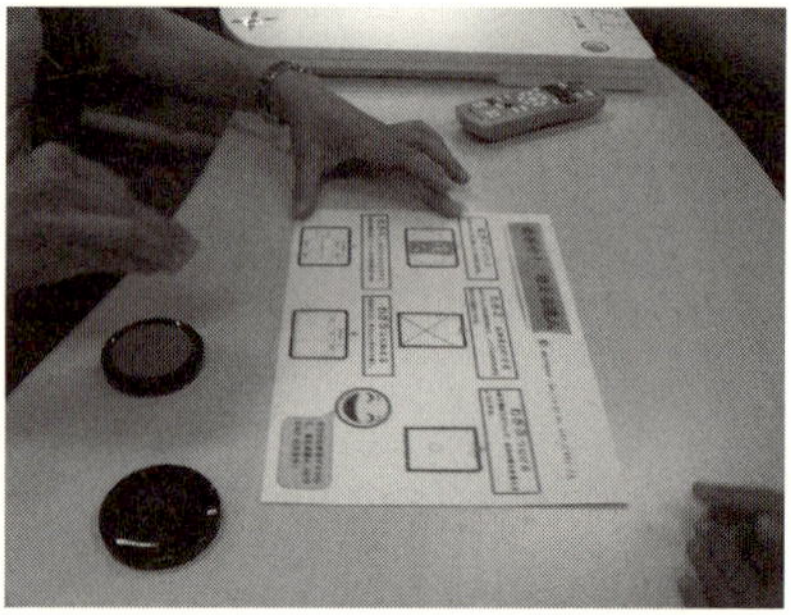

達人はんこをもらう

【ポイント2】必要な視点に目を向けさせる投げかけのことば

何かを「比べる」ことについての体験を尋ねると、多くの子が「違うこと」に目を向けた視点で話します。

そこで、次のようなやりとりを通して、「同じこと」にも目を向けることの必要性に気づかせます。

T：みなさんは、何かを比べたことがありますか。

C：りんごの重さを比べたことがある。

※「考える達人になる」学習に取り組んでいるというイメージを定着させるため、「達人カード」や「達人はんこ」などを用意した。

C：水のカサを比べたことがある。
C：鉛筆の長さを比べたことがある。
C：読んだ本のページを比べたことがある。
C：背の高さを比べたことがある。
T：では、教頭先生と塩谷先生を比べてみましょう。
C：背の高さが違う。
C：洋服のボタンの数が違う。
C：めがねをかけている、かけていない。
C：体の太さが違う。塩谷先生の方が細い。

「違う」と板書する

T：比べるときに違いを見つけただけでは、残念ながら達人にはなれません。
C：同じことも必要かな。
C：二人とも人間だよ。
C：二人とも大人。
C：二人とも洋服を着ている。

「同じ」と板書する

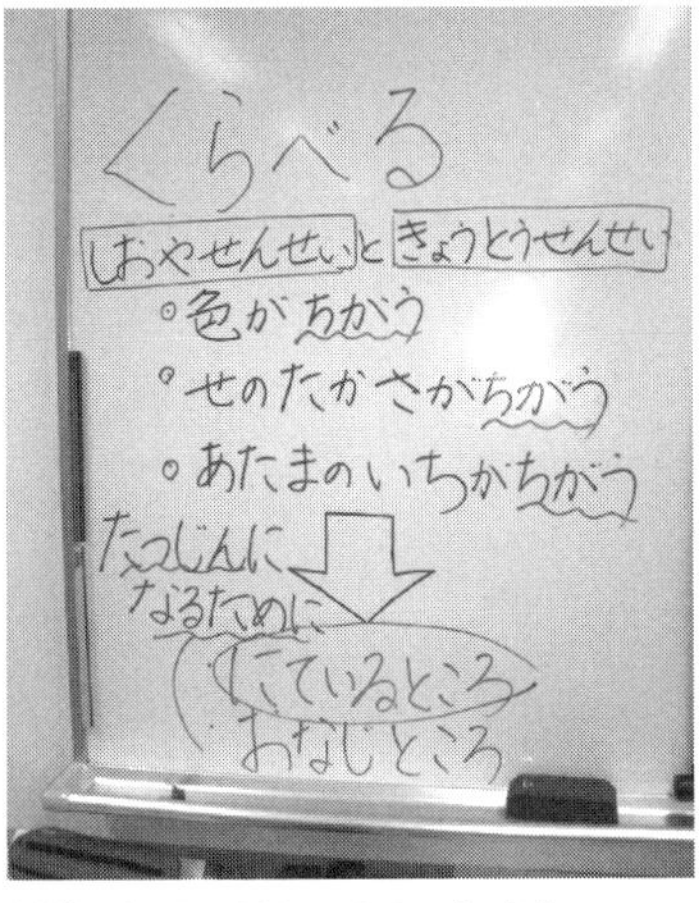

授業の経過も見えるように板書する

教頭先生と塩谷先生を比べてみよう

【ポイント3】図の意味が理解できるようになる展開

1年生の子どもたちには、いきなり図の意味を理解することは難しいと思います。

そこで、子どもの発言を板書する際に、教師は、ベン図があると想定しながら書いていくようにします。当然ながら、子どもたちの目には、図は見えていません。

教頭先生と塩谷先生を比べて出てきた発言を板書したら、「教頭先生のことは、どこに書いてあるのかな」と尋ねながら、教頭先生についてのことがらを丸で囲みます。次に、「塩谷先生のことは、どこに書いてあるのかな」と尋ね、丸で囲みます。

すると、両者が重なる部分が出てきます。この部分を見たときにはじめて、子どもたちは

「ここが、同じところ！」

と、口ぐちに言い始めます。

このように、子どもたちの発言をもとに意味を一緒に考えながら線を引いていくという作業が大切です。そうした作業の結果、ベン図ができあがるという過程を経ることによって、子どもたちは図の意味を理解することができるのです。

そのため、ベン図を先に出すのではなく、あくまでも「最後にベン図になった」という提示の仕方が必要になってきます。

効果的な板書

1）はじめに頭の中でベン図の完成図を描き、それに当てはまるよう、位置を考えながら子どもの発言を板書していきます。
2）発言が重ねられ、それぞれの特徴として「違うこと」「同じこと」が出揃っても、教師が意図的に丸で囲むことはしません。
3）囲む内容を子どもに問いかけながら、引き出された子どもの発言をもとに線で囲み、その意味を子どもたちとともに確認していきます。

❶位置を考えながら板書していく。

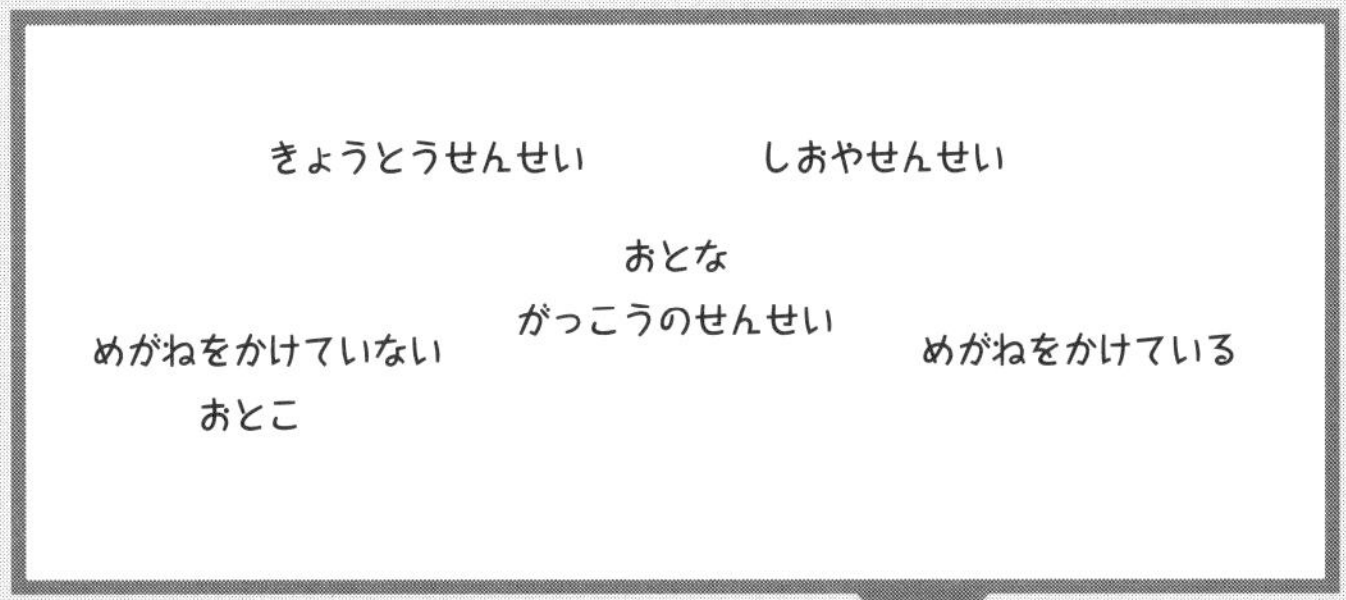

❷意図的に丸で囲まない。

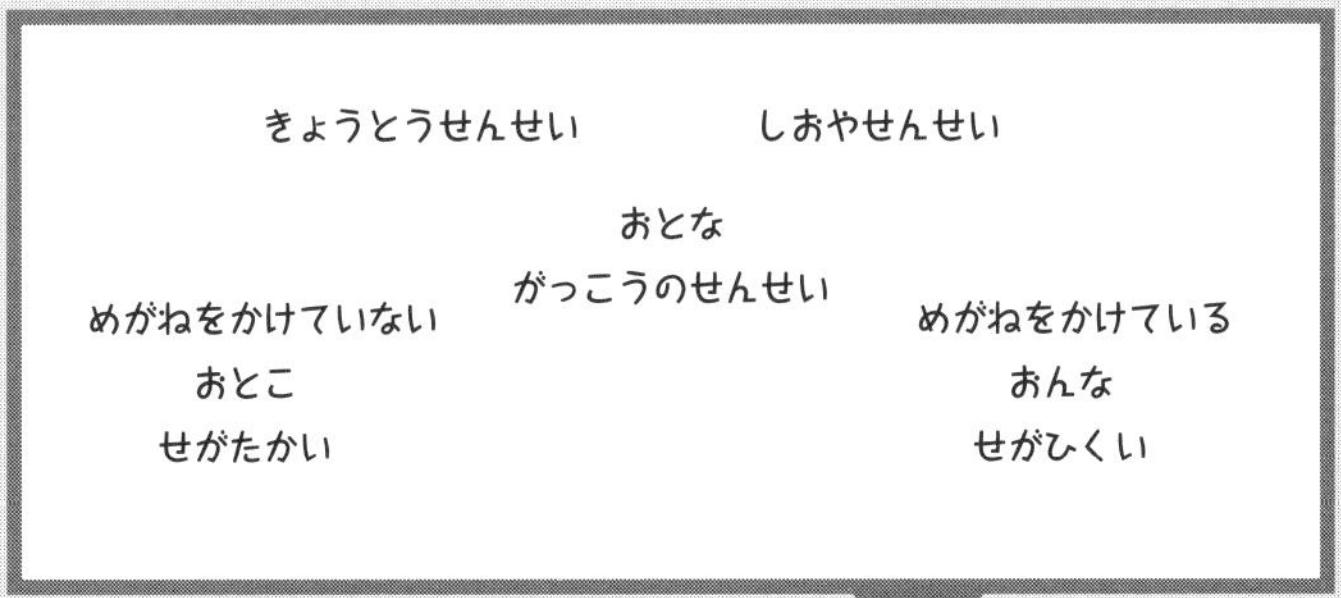

❸子どもの発言をもとに、丸で囲む。

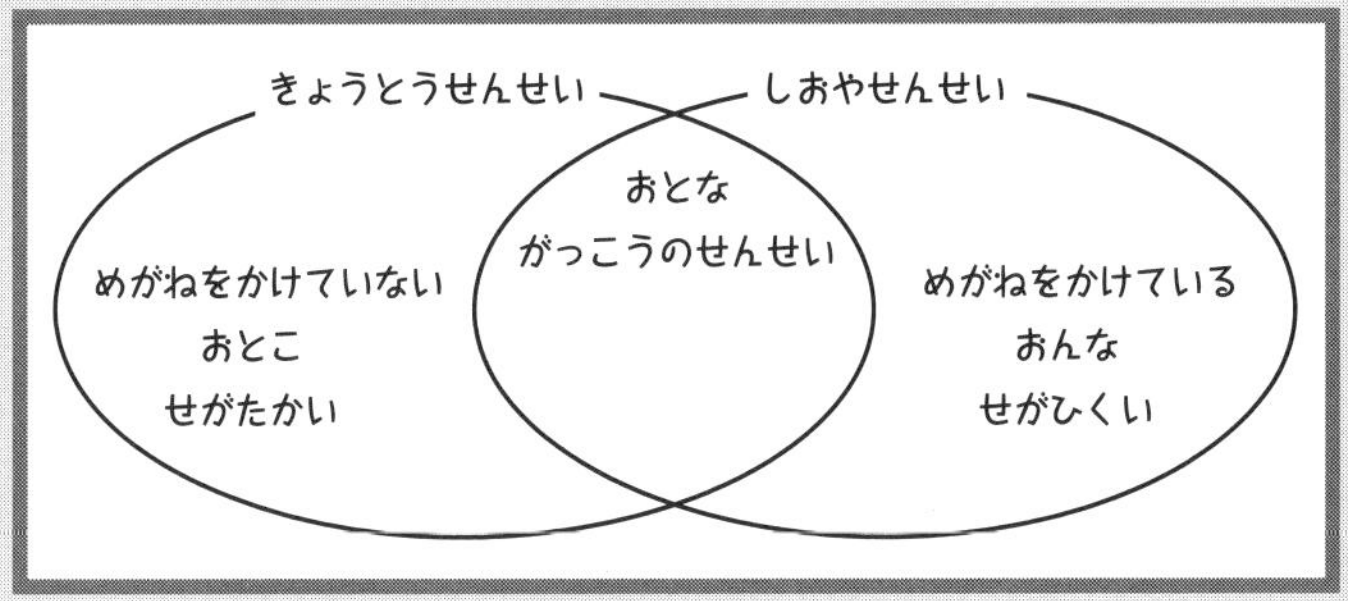

◆評価について

この単元は、「比較する」思考スキルを習得する学習です。

比較するときには「違うこと」だけでなく「同じこと」も見つけるのだということを理解し、「同じこと」と「違うこと」を探しているようすが見られたときはA評価とします。

特に目に見えないこと（視覚情報以外）からも探そうとしている場合はS評価とします。

理解はしているが、自分でことばを探すことはできず、授業中の友だちの発言をもとに記述しているときはB評価。「違うこと」にしか目が向いていない場合や、記述がない場合はC評価です。

評価は主として、シンキングツールであるベン図に書かれている内容を見て行います。

思考スキル	S	A	B	C
比較する	「同じこと」と「違うこと」に目を向け、見えないこと(視覚情報以外)からも探している。	「同じこと」と「違うこと」に目を向け、自分で探したことばを書いている。	「同じこと」と「違うこと」に目を向け、授業中の発言をもとに書いている。	「違うこと」にしか目が向いていない。 記述がない。

❹ 考察および成果

この単元では、「比較する」ことの意味に気づかせることに重点を置いた授業を構成しました。

「比較する」ことの意味に気づかせる手立てとして、

「比べるときに違いを見つけただけでは、残念ながら達人にはなれません」

という投げかけを用意しました。

この投げかけに対して、子どもたちは一様に驚いた表情をしていました。違いをこんなにたくさん見つけたのだからと満足していたところへ「達人になれない」という先生からのことばは、衝撃的だったようです。

少しの間静かになってしまいますが、やがて、つぶやきがはじまります。小さな声を拾いながら、「同じこと」へ目を向けることも比較することであるのだということに気づかせていきます。

もしもこの投げかけに対して反応がない場合は、両方の先生に「どんなくだものが好きですか」といったインタビューをしてみることも効果的です。その際、事前に打ち合わせをして、二人とも同じくだものを答えるようにしておくことがポイントです。

子どもたちは、「え⁉　先生たちは、ももが好きなんだ」「二人とも、同じだ！」とつぶやき始めるでしょう。

このような手立てにより、比較するというのは「違うこと」だけを見つけるのではなく、「同じこと」も見つけることなのだということを理解できるようになっていきます。

また、「比較する」という思考スキルを使うときのシンキングツールとして「ベン図」があることを教える際には、図の提示の仕方が鍵になります。

先にベン図を見せてその中にことばを書いていく方法と、ことばを書いてそれを線で囲んでいく方法。前者では、ベン図の重なり部分の意味を理解しない子どもも出てきてしまいますが、後者の方法を用いた場合は、どの子も理解できました。

この提示の仕方は、どのシンキングツールを紹介するときにも有効です。とくに1年生など、はじめて思考スキルの指導を行う際に取り入れるとよいでしょう。

❺学習を振り返って

1年生の国語の教科書の中には、「ちがい」「くらべ」ということばがあちこちに出てきます。

たとえば国語科に「じどう車くらべ」という教材があります（光村図書出版）。授業を通して、「しごと」とはどういうことか、そのためにどんな「つくり」になっているのかを理解していきます。題名にはストレートに「くらべ」ということばが入っ

ています。この題名を見たときの子どもたちの最初の発言は、

「じどう車の何を比べるの？　大きさ？」

という素朴な疑問でした。題の中の「くらべ」ということばが目に入ったのでしょう。この疑問を教師が取り上げ子どもたちに投げかけると、教科書を開きながら何を比べるのかを探し始め、徐々につぶやきが出てきます。

「大きさは比べてないよ」

「『しごと』とそのための『つくり』で比べているんだよ」

「しごと？」

「『つくり』ってなあに？」

そうです。ここで比べるのは、目に見えない「しごと」や「つくり」なのです。目に見えないものを比べるというのは、1年生の子どもにとって簡単なことではありません。

それぞれの自動車の「しごと」と「つくり」がわかったところで、

「トラックとクレーン車を比べてみたいな」

という発言が子どもから出されました。

子どもたちの発言を板書していると
「こちらのことばは、『トラック』で囲むことができるよ」

「こちらは、『クレーン車』だよ」

「同じところもあるよ」

といった発言が続き、その発言を追いながら囲みをつくっていきました。そして……気づけばそこにベン図ができあがっていたとき、「あーっ!」という声があちこちから沸き上がりました。

板書にあったのは、それぞれ独立したことばの羅列です。それを子どもたちは自分で考え、図にしていったことになります。

1年生とはいえ、ミューズ学習で習得した思考スキルを教科で活用する場面はたくさんあります。予期せぬ場面の中にミューズ学習で学んだことが顔を出すことは、子どもたちにとって驚きであり、発見でもあったのです。

2 「構造化する」思考スキルの習得

教科名：ミューズ学習
学　年：３年
単　元：「分類の考え方を説明せよ」
～「構造化する」技をゲットして考える達人になろう～

❶ 単元の構想

この単元のミッションは、「分類の考え方について説明せよ」です。

子どもたちは、日々さまざまなものが分類されている事実に遭遇しています。たとえば、家の棚、たんす、学校であれば図書館等です。ただし、「分類されている」ということはわかっても、それ以上のことを特に考えたことはありません。

そこで、「分類する」ことでどんなよさがあるのかを見つけ出し、そこから導き出された自分の考えを説明する、「構造化する」思考スキルを使ってより効果的に、人を納得させるに足る説明をするという活動に取り組むことにしたのです。

◆前回ミッションの失敗をもとに

じつは、この単元に取り組む前に私たちは「ほしい物をゲットせよ」という単元を構想し、「構造化する」思考スキルの習得をめざした授業を実践していました。

この単元のミッションは、「3年1組のデン※をみんなの心をつなぐ場にするために、いくつかの遊び道具から一つの物を選び、先生に提案する」というもので、7時間構成で行いました。

担任の先生を納得させられるように自分たちの考えを組み立て、そのための提案資料を作成し、提案が通れば遊び道具が購入できる――このような場面設定により、子どもたちは活動の当事者として、先生を納得させるためにどのように提案内容を組み立てていったらいいかを真剣に考えるのではないかと考えたのです。

しかし結果は、「人を納得させるために自分たちの考えを構造化する」という思考スキルを習得するまでには至りませんでした。

「みんなの心をつなぐ」ための遊び道具としてなぜ自分の提案する物がいいのかについて、理由とその根拠を挙げて主張するという論の組み立てに苦慮することになったからです。

主張から理由を組み立てるという思考は、3年生の子どもにとっては難しすぎたのかもしれません。また、「『みんなの心をつなぐ』ということ自体が抽象的で、個々によってイメージが違う」「みんなの心をつなぐ必要性について、果たして子どもは実感を伴って考えることができているのか」「単元の時間数が多くなることで、多種多様な活動が展開され、思考スキル習得というねらいが焦点化しにくい」といった問題点も

※「デン」とは、教室の中にある空間で子どもたちが休み時間にくつろぐスペース。

浮かんできました。

授業後の子どもの振り返りをみても、担任の先生を説得して「何としてでも自分たちが欲しい物を買ってもらうため」に資料を作成するという意識が強く感じられ、本来の目的である、「主張を論として組み立てるため」に「構造化する」という思考スキルの習得には至りませんでした。

❷単元の計画と使用するシンキングツール

◆2段階構成にしてみる

そこで今回は、はじめに「分類する」という思考スキルを使った作業を設定し、その上で、分類の意味を抽出し、説明する中で「構造化する」という最終目的につなげるという2段階の作業を試みました。

前回の、いきなり「構造化する」思考スキルを習得させる学習とは異なる点です。「分類する」作業を通じて自分で作成した説明資料について、友だちどうしで評価する活動を組み込みます。この際、「構造化する」思考スキルを使うことで、自己満足の説明に終わらず、相手が納得できる説明になることを実感させたいからです。

◉単元の計画

時	ねらいと学習活動	使用するシンキングツール
第１時	（ねらい） Xチャートを活用して、個々に集めてきた情報を整理する（＝分類する）。 （学習活動） 1　ミッションを確認し、学習の手順を説明する。 2　学習の到達基準を話し合う。 3　集めてきた情報を「どのようなよさがあるか」という視点で分類する。 4　次の時間の活動を確認し、振り返りを書く。	Xチャート ・既習事項の「分類する」で使ったXチャートを想起し、使い方を確認する。
第２時	（ねらい） ・集めた情報をもとに主張を組み立てる活動を通して、「構造化する」思考スキルを習得する。 （学習活動） 1　「構造化する」技をゲットする学習であることを確認し、ピラミッドチャートの使い方を知る。 2　学習の到達基準を話し合う。 3　ピラミッドチャートを作成する。 4　友達に説明する。 5　振り返りを書く。	ピラミッドチャート ・事実→まとめ→主張を図のどこに書くのかがわかる。

◉シンキングツールについて

この単元では、はじめの分類の段階で「Xチャート」を、それを主張する際に「構造化する」ための道具（ツール）として「ピラミッドチャート」を提示します。

「Xチャート」はすでに「分類する」際に使ってきていますが、今回登場する「ピラミッドチャート」は発表の際に自分の考えをまとめて、相手にわかりやすく伝えることをサポートするものです。

一番下には自分が集めてきた情報を書き込み、下から二段目は、その情報からわかったことを、そして、一番上には自分の主張を書き込みます。

このツールを使うことで、実感を伴う形で「構造化する」思考スキルを習得することができると考えました。

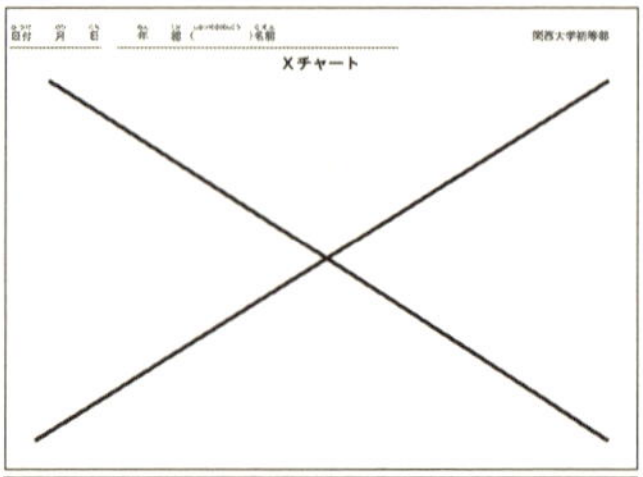

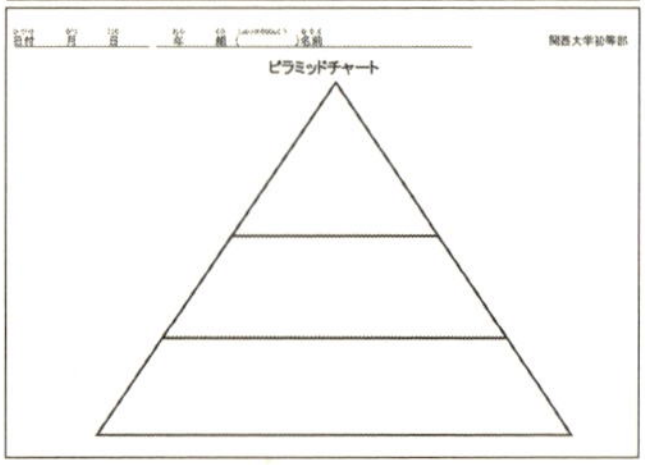

❸ 授業の流れ・ポイント

◆本時のねらい

この単元は２時間構成とし、特に第２時が「構造化する」思考スキルの習得に関係するように設定します。

第１時では「構造化する」思考スキルを習得するための情報を準備し（＝「分類する」作業）、第２時では「構造化する」思考スキルを習得するときに便利な道具（ツール）である「ピラミッドチャート」の使い方を知り、自分の考えを説明するために使うことが主な学習活動となります。

本時のねらいは、

「集めた情報をもとに自分の考えを説明する活動を通して、「構造化する」思考スキルを習得する」です。

◉本時の計画

第１時	学習活動	備考
導入	1　今日の学習のめあてを確認する。 2　ピラミッドチャートのかき方を知る。 <手順> （1）集めた情報から、分類のよさがよくわかる場面を一番下に書く。 （2）事実から分かったこと（まとめ）を真ん中の段に書く。 （3）まとめから、主張を導き出す。 （4）事実から主張までの流れが、「なるほど！」と思ってもらえるのか、つまり筋道が通っているのかどうかという視点で見直す。 3　学習の到達基準を話し合う。 S：友だちに納得してもらえる。 A：事実→理由→自分の考えの筋道が通るように組み立てる。	・子どもたちにXチャートを見せ、集めてきた情報を「どのようなよさがあるか」という視点で分類したことを想起させる。 ・どのようなよさがあるのかを友だちに説明するためにピラミッドチャートを使うことを伝える。
展開	4　説明資料を作成する。 ・自力解決を支援するための学習環境を整備する。 ・グループの隊形にしておき、困った時には相談ができるようにしておく。 5　グループ内で説明資料を見せ合ったり、アドバイスをし合ったりした後、問題点を修正する。	・２人組で説明資料を見せ合ったり、よく分からないところを質問し合ったりすることを通して、自分の資料の問題点を明確にさせる。 ・質問を受けたところを中心に、再度言葉や図を修正、付加する。 （評価） ・複数の情報を整理、分類し、それらを主張のために組み立てることができているか。（シンキングツール、観察）
まとめ	6　学びを振り返る。	・基準に照らして、自分の学びを評価させる。

◆授業のポイント

【ポイント1】授業の到達目標を明確にする

本時のねらいは、「『構造化する』技をゲットしよう」です。

そこで、「どのようにすることが構造化する技をゲットしたことになるのか」を明確にするために、まず、学習活動の手順を具体的に説明します。その後、子どもたちと学習の到達基準について話し合うのです。これが「ルーブリックをつくる」作業です[※]。

この過程を経ることで、子どもは到達基準の達成に対する納得感を得ることになり、より主体的に学習を展開していくことができます。なぜなら、教師と子どもの授業におけるゴールが同じになるからです。

同時に、教師は子どもたち全員を達成させるために、それまでの個々の学習状況を踏まえて、どの子にどのようなタイミングで支援に入るべきかを状況を見ながら判断し、実践していきます。

T：さて、学習活動の流れはわかったかな？
じゃあ、今日は何ができたら「構造化する技」がゲットできたことになる？　A基準は何ですか？

※　p.54～「評価基準をつくる――ルーブリック」参照。

C：説明するんだから、友だちにわかりやすくできたらいい。
T：「わかりやすい」ってどういうこと？
C：事実と自分の考えが言えていること。
C：すじ道が通っていること。
T：「すじ道」って何？
C：国語で説明文を勉強したときのように、事実をもとにしてわかったことや自分の意見が書けていることだと思う。
C：ずれていないこと。根拠をもとにちゃんと伝えたいことが説明できていること。
T：では、S基準は？　もっとがんばるとしたら、どんなことかなあ？
C：みんなが、なるほどとなっとくできる説明ができたらS基準になると思う。
T：「みんな」ってだれのこと？
C：友だちやここに来られている先生方※のことだと思う。
T：事実↓まとめ↓主張の説明で、「なるほど」「そうだな」と聞

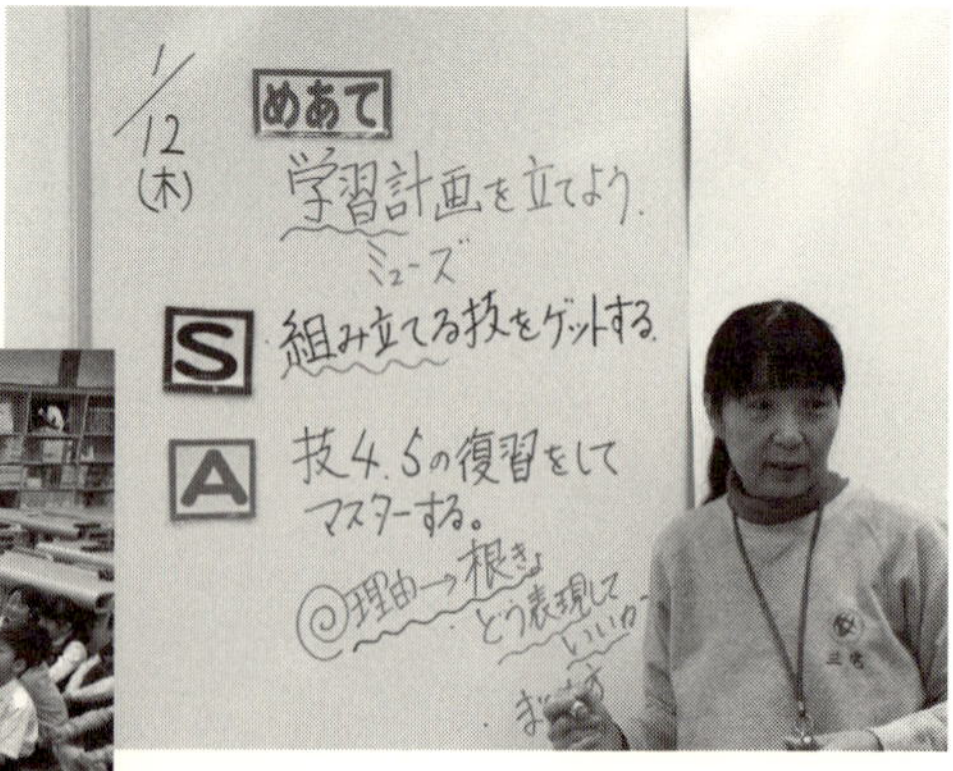

到達基準（ルーブリック）を話し合っているところ

※　この授業は、研究公開の時に実施した。そのため、参会者の先生方に対しても説明をさせ、意見をもらった。

き手が思えるということですね。

全員にがんばってほしいのはA基準です。

T：前時には、集めた情報を「分類のよさ」という視点で分類しましたね。その中の、どの事実を取り上げるかを考え、ピラミッドチャートを使って説明を組み立ててみましょう。

【ポイント2】Xチャートとピラミッドチャートを組み合わせて活用する

この授業は、2時間構成です。「分類する」技はすでに学習済みですが、分類するよさについての自分の考えを構造化し、説明する場面を設定しました。

なぜなら、ミューズ学習は文脈の中でのスキル習得を重視しているからです。習得型の授業というと、単に「これはこうします」という教え込みの授業スタイルを想起する方もいるでしょう。または、何かゲームみたいな感じで考える訓練をしているように思われている方もいるかもしれません。

しかし、「考える」ということはそんなに簡単な概念ではありません。私たちは、子どもがいろいろな状況の中で問題に出合い、どのように考えたら解決の方向へ向かうのかを、体験的に学習することが大事であると考えています。

子どもたちは、この授業に取り組むまでに5つの思考スキルを習得してきています。たとえば、くだものやさんの店員になったという文脈を設定します。4種類の果物があり、それぞれ値段、仕入れ日が違います。その果物をできるだけ早く売りたいのです。ただし、お店は小さくて3枚のお皿しか置けません。このお皿に果物を盛りつけるには、どうすればいいかを考えます。

この問題を解決する場合、どの思考スキルを使用したらよいのかを学んできているのです。「比べる」とはどうすることなのか、「分類する」ことはどうすることなのか、その時どのシンキングツールを使って考えればいいのかといった、考える方法（思考スキル）とそのための道具（シンキングツール）の使い方について習得してきています。

この単元で2つの技を組み合わせて問題解決をする学習を設定したのは、考える方法に厚みを加えるためです。つまり、問題解決をするには、複数の思考スキルを組み合わせる場合もあることを知識として身につけることも重要なのです。

【ポイント3】個の思考を練り上げるために対話を重視する

私たちは、「個」の思考からスタートし、「個」の思考へ戻る過程の中で、個の思考が深まる仕掛けとして、対話を重視しています。

教師との対話、友だちとの対話等、互いの考えを出し合う中で、自分とは違う考え方に気づき、その背景にどんな思いがあるのかを聴き、自分の考えを広げたり、深めたりする過程を大切にしているのです。

子どもたちは、はじめはどうしても考えるときに「正解」を見つけようとします。

友だちの考えと違ったら、自分の考えは間違っているのではないかと判断し、安易に友だちの意見に同化したりしてしまうこともあります。

しかし、学習を積み重ねるにしたがって、体験を通して解は一つではないことに気づき、自分の考え方にも自信をもつようになってきます。そこから、さらに自分の考え方を深めていくためには、他の視点からの意見が必要となります。それが、対話です。

私は対話について、以下のように定義しています。

●対話とは、自分の思いや考えを他者との言葉のやりとりのなかで、新たな自分の思いや考えを再構築する行為である。他者の思いや考えを自分と比べたり、つなげたりしながら聴き合い、また、曖昧な点は問い直すことで、他者の思いや考えを納得する作業である。

対話は思考活動には欠かせない支援方法だと考えているのです。

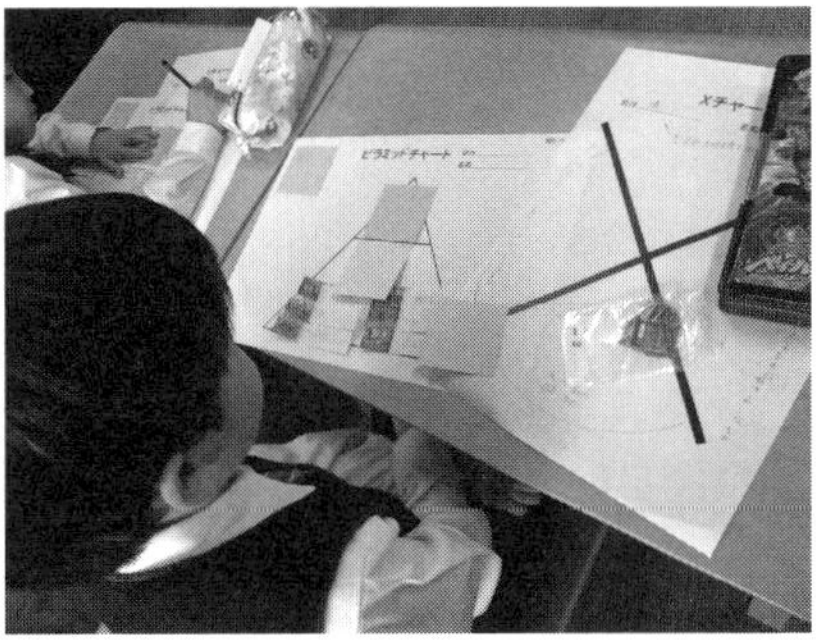

対話

対話とは、言葉を媒介とした思考活動です。言葉は発信者と受信者の関係の中で機能するものであり、ある言葉が発信者側から受信者側へ伝わった時点で言葉の質は変わります。

つまり、Ａが「りんごはおいしい」とＢに伝えた時、Ｂは、自分の今までリンゴを食べた経験値から、リンゴはおいしいのかどうかを判断します。ＡとＢの経験値は同じではありませんから、当然受信者側の反応として「そうだね」と返すＢのそれは、過去に食べた経験をもとにして発した言葉となりますし、「ちがう。パイナップルの方がおいしい」と言えば、それもありです。また、たとえＡＢともに「リンゴはおいしい」と判断したとしても、Ａの理由は「果肉がサクサクしておいしい」であり、Ｂの理由はそれと同じだとは限らないのです。

ＡとＢとの言葉のやりとりの中で、リンゴの果肉と果汁がおいしいという条件付けがなされ、「おいしい」の中身が集約されてはじめて、互いの納得に至ると考えます。それによって、ＡもＢも最初の自分の思いや考えがより具体化したり、違う価値が組み込まれたりして、それらを再構築することができるといえるのではないでしょうか。

「友だちと話をしているうちに、こんな考えもあるんだなと思った」「自分はわかっているつもりだったけど、友だちと話をしていると、よくわかっていないところに気づけた」など、子どもたちは対話することで、自分の考えを客観視でき、さらに考えを深めていこうとします。

◆評価について

この単元は、「構造化する」思考スキルを習得する学習です。「構造化する」とは、「複数の情報を整理、分類し、それらを主張のために組み立てる」ことであると定義しています。

この思考スキルを習得できたかどうかは、シンキングツールであるピラミッドチャートに書かれている内容で評価していくことになります。

思考スキル	S	A	B	C
構造化する	相手が納得できる主張を組み立てる。	複数の情報を整理、分類し、それらを主張のために組み立てる。	複数の情報を分類することはできるが、その事実からまとめが導き出せない。	主張が組み立てられない。

❹ 考察および成果

◆複数の事実から共通する性質を探そうとしていたか

【事実→まとめ→主張】という3層に分かれたピラミッドチャートを用意しました（図1）。

子どもたちは、事実からどんなよさがあるかを見つけ出そうと写真とにらめっこしていました。このとき、子どもたちは写真を見て、その場面に関連するようすを思い出していたのだと思います。

■図1

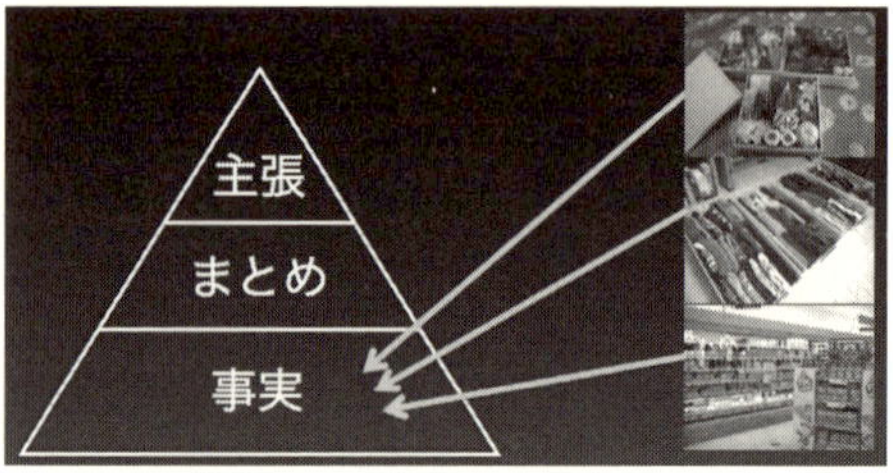

子どもたちが挙げたよさは、「一目見て分かる」「とりやすい」「時間がかからない」といったことでした。

A児のピラミッドチャートを見てみましょう。

A児は、普段のミューズ学習から、考える力が優れていると思われる児童です。

下の表が、そのピラミッドチャートに記述されていた内容です。

■A児のピラミッドチャートの記述

事実	自宅のスリッパ入れ、食器棚、リビングの棚
まとめ	名前が書いてあったり、物が見えるようにしてあったりして見ただけですぐにわかるからわかりやすい。だから、すぐにとりだせて、自分でも、みんなでも短時間に見つけられる。
主張	短時間で見つけられたら、いそいでいる時も時間のむだにならないから、自分でもいいと思う。

これをみると、まとめと主張の違いが曖昧であることがわかります。まとめの中にも主張が含まれてしまっています。「わかりやすい。だから〜」の部分です。これは、自分が「思ったこと」「考えたこと」ですから、主張に当たる部分です。

考える力が上位にあると思われる子でも、3年生という発達段階で主張とまとめを区別して書くというのは、難しいようだということがわかります。

◆「構造化する」思考スキルを自分の言葉で表現していたか

「構造化する」の定義には、複数の事柄の関係を構成することがあります。この学習（本時）では、「事実」→「まとめ」→「主張」を組み立て、なおかつ他者に説明するという課題が設定されていました。

他者が納得するためには、筋道の通った説明が必須となります。そのため、この授業の前に国語科で「論理的な文章を書こう」という授業を実施していました。そこでは、既習事項である説明文の学習を想起させ、文章構成について復習しながら、基本的な文章構成と段落の役割を再度押さえました。そして、キーワードを基に文章を書く活動に取り組みました。

国語科で筋道の通った文章を書くという活動に取り組んでいることで、子どもたちは他者への説明に対する抵抗はあまりないようでした。むしろ、自分の考えを聞いてほしいと思い、意欲的に他者へ説明する姿が見られます。また、他者からの質問に対しても「たとえば〜」とさらに具体を提示したり、「なぜならば〜」と自分のもっている言葉を駆使して自分の考えを相手に伝えようとするようすが数多く見られました。

❺ 学習を振り返って

◆事実から主張へ、主張から事実へ

この学習では、事実をもとにそこからまとめを導き出し、さらに主張へと向かうという帰納的な過程を子どもたちへ指導しました。しかし、学習活動後の全体での振り返りをしたとき、ある子から次のような発言がありました。

「私は、いろいろと分類しているところの写真を『よさ』という視点でXチャートに分類しながら、『よさ』って何だろうと考え、主張から考えてどの事実が説明しやすいかを考え、写真を選びました」

つまり、子どもたちの中には、分類をしている段階で、「どんな『よさ』があるのかなあ」「この事実から『よさ』ってみんなに伝えられるかなあ」などと考えて、自分の主張イメージをもつ子もいるという事実が確認されたのです。この思考は、その発言をした子だけではなく、同じようすが何名かに見られました。

Xチャートとピラミッドチャートを組み合わせて使ったことで、この思考過程がう

まれたのか、それとも、子どもによっては体験的に、主張から組み立てていく方が考えやすいと感じていたからなのでしょうか。

授業後、個々にヒヤリングをしてみました。すると、結論は両方でした。

ある子は、国語や総合で自分の考えをまとめるとき、「こんな考えを言いたいな」というのが漠然と頭にあり、それを裏づけるための根拠やその理由を考えるのがよいと感じていました。また別のある子は、複数の写真を分類する操作活動の中で主張が浮かび上がってきたので、それを伝えるためにどの事実がいいかを考えたようです。

このことから、「構造化する」思考スキルを習得するために使うピラミッドチャートの図および提示の仕方については、再検討が必要であると感じました。

たとえば、ピラミッドチャートの書き方の説明の際、三層に分かれたピラミッドチャートの図を操作しながら、先端の部分だけを先に提示し、だんだんと下層を提示することで根拠を固められる方法や、根拠から固めて主張を組み立てていく方法などがあることを教えるのです。

また、図自体を三層ではなく二層にして、下層が事実、上層はまとめと主張をいっしょに考える方が中学年の段階では適しているかもしれません。

つまり、シンキングツールも絶対的なものではなく、子どもの思考の流れに即して柔軟に活用していくことが大切だということです。

◆納得いくまで考えたい！

授業の終わり近く、ほとんどの子どもはピラミッドチャートを使って、友だちへの説明が終わっていました。「さあ、全体で振り返ってみよう。みんな、前に集まって！」と私は指示をしました。

ところが、ピラミッドチャートを前にして涙している子がいました。B児です。自分の納得のいく組み立てが、まだできていないというのです。

どこに何を書けばいいのかはわかっているのに、事実からまとめのところで、どうしても言葉が見つからない……。でも、B児は考えることをあきらめてはいないのでした。

「ここまででいいよ。前に集まって友だちの意見も聞いてみよう」

私は促してみましたが、彼女は誘いには応じませんでした。

このB児の姿をよしとすべきかどうか——途中まででも一生懸命考えたのだから、そこまででよしとすればいいという考えもあるとは思いますが、それはある意味、教師の側の都合です。

「考えるのは問題を追いかけることだ」

と言った子どもがいます。つまり、とことん考えて、もうここまで！　と思ったら、そこが現段階での自分の解となるということです。

B児は、もう少し時間が欲しかったのです。とことん納得いくまで説明の言葉を見つけ出そうとしていたのです。

結局、全体での話し合いには参加せず、B児は考え続けました。そして、終わりの挨拶の後、やっと完成したのです。

「先生、できました！」

と言って、説明し始めました。

説明を終えると、彼女はとても晴れやかな顔をしていました。最後まで粘り強く考えきったという満足感でいっぱいの表情です。

「考える」ということには、スキルも重要ですが、小学校段階では「考えるのは楽しい」「もっと考えたい」といった思いをしっかりと育んでいくことがまず重要ではないだろうかと考えさせられる一場面でした。

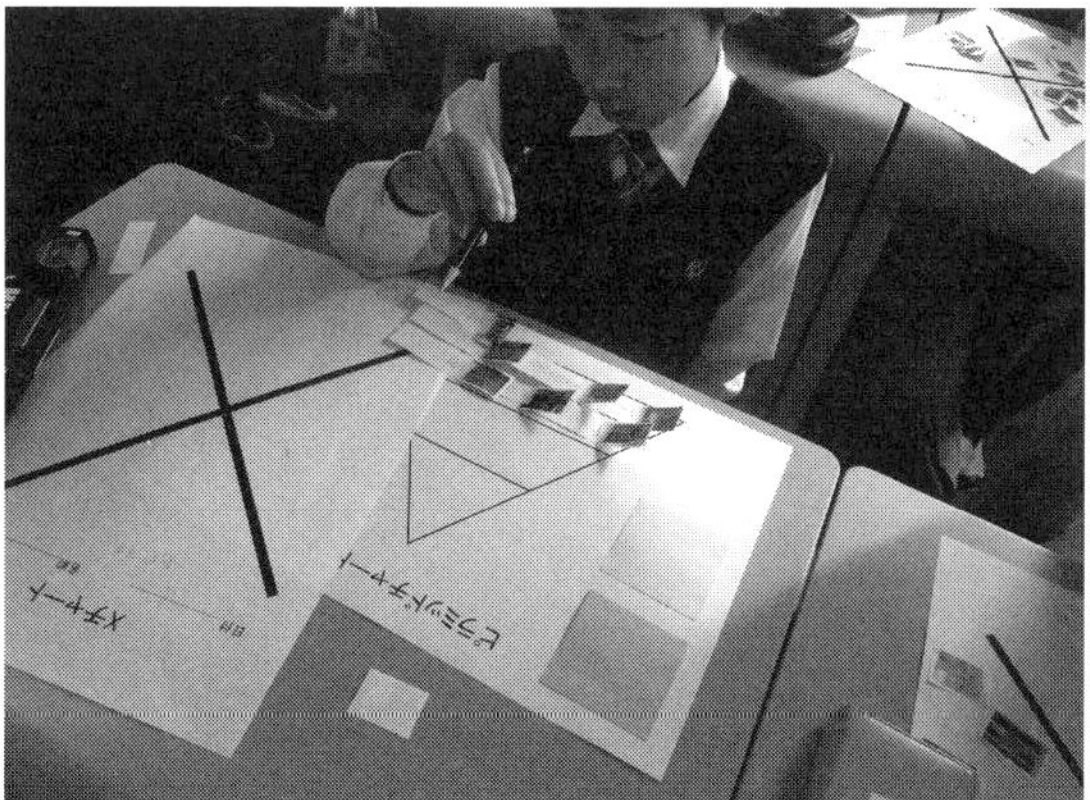

❸「多面的にみる」思考スキルの活用

教科名：生活科
学　年：1年
単　元：生き物とりの達人になろう
～五感ゲームで技をゲット!!～

❶単元の構想

◆五感を用いた体験活動

生活科では、子どもたち一人ひとりの気づきが宝物です。その気づきを生み出すためには、前提として、子どもたちが本気になって取り組む体験が必要となります。そして、直接体験を重視した学習では、その活動について友だちと交流して認め合ったり、ふりかえってとらえ直したりすることが大切です。言葉や絵、動作、劇化などのさまざまな方法で表現することによって、生み出された気づきを自覚することにつながるからです。

表現することの中で、ミューズ学習で習得した思考スキルを用いることは、気づきの質を高める有効な手だてとなります。気づきを自覚し、さらに新たな気づきへと発展させていく、まさにみえていなかったものをみえるようにする学びをつくっていくことなのです。

そこで、1年生の生活科の単元として、体全体を使って本気になって取り組む五感を用いた自然遊びを取り入れました。

五感を用いた自然遊びは、子どもたちに自然の存在を気づかせ、自然への親しみと尊敬を呼び起こします。思いっきり楽しく体を使い、五感を使ってじっくりと自然を観察することで感覚を研ぎすましていきます。そして体験で得た感動を分かちあい、互いの自然に対する思いや願いなどを共有していく場面を生み出すことになります。

単元の展開において、視覚、触覚、嗅覚、味覚、聴覚といった五感それぞれを扱ったゲームを順番に行っていくことで、子どもは自然を探り、新たな発見や驚きをしていきます。

一度に一つずつの感覚に特化し、独立した感覚を育成するゲームを順番に行っていくことで、最終的にはすべての感覚を合わせた、自然を「多面的にみる」思考を経験することとなっていくのです。

これにより、自然のしくみや自然と人間のかかわりを科学的に理解し、自然を大切にし、さまざまな問題を解決する行動のための基礎を養うことができるのではないかと考えました。

◆子どもの実態

1年生とはいえ、「関西大学初等部生」としてのプライドを大いにもって入学してきた子どもたちです。小さい頃から塾に通い、ひらがな、カタカナの習得はもちろんのこと、漢字、算数については、すでにわり算まで身につけている子どももいます。

しかし、土や水、生き物等に触れる自然体験についての調査を行うと、約三分の二の子が十分な経験をしていないことがわかりました。低学年、特に1年生のこの時期には、自然にどっぷりと浸り、自然認識や感性を育むことも重要です。

三十二人の子どもたちに、「虫が好き?」と問いかけてみました。「好き」と答えた子は十五名。実際に虫とりをさせてみると、虫の居場所や捕り方がわからず、まったく捕れない子がほとんどです。しかし、何とかいろんな生き物を自分の手で捕りたいという思いは強いようです。

そこで、この思いをもとにみんなで「生き物とりの達人になる」という目標をたてました。そして、そのために必要な能力として、五感を鍛えていくという流れをつくりました。

校内の環境では十分な五感体験をさせることは不可能です。そのため、歩いて二十五分くらいのところにある京都大学大学院農学研究科附属農場を体験活動の場として活用させていただくことになりました。主に水田部において活動させてもらい、年間を通して稲の生長の様子、四季の変化、野草や生き物採取などを行います。

また、常に子どもたちが生き物とふれあうことができる環境（オープンスペース）をつくりました。はじめはただ見ていた子どもたちでしたが、やがて「エサをあげなあかんのちゃうん？」と気づきます。それぞれのオープンスペースにいる生き物たちを調べ、給食のメニューを見ては、エサとしてあげられる食材があれば、少し残してエサとして与える姿も見られるようになりました。

❷ 単元の計画と使用するシンキングツール

子どもたちは、すでに「比較する」思考スキルについて学習しています。

この「比較する」思考スキルでは、「違うこと」に着目して比べるだけでなく、「同じこと」にも着目する必要があること、その際、ベン図を活用すると便利だということを学んできています※。

この単元の一つひとつの五感のわざをゲットする授業場面において、それぞれの五感で体験したことを子どもたちが共有し合う際、この「比較する」思考スキルを活用します。

そして、単元全体を通して「多面的にみる」思考を育成していきます。ここでは、ミューズ学習で習得した「多面的にみる」思考スキルで活用した「くま手図」を表現

※　p.70～実践編１「「比較する」思考スキルの習得」参照。

◉単元の計画

	学習活動	◇教師の支援　◆評価
第１次	**みる技をゲットしよう!!** ・自然にはどんな色があるか出し合う。 ・「色鬼」をする。 ・自然の中に多くある色、少ない色をみつける。 ・「みどりはいくつ?」ゲームをする。 ・「かたち図鑑」をつくる。	◇自然の色や形が比較的多い場所を選び、安全を確認する。 ◆自然の中にはどのような色や形があるのか理解し、身近な自然に興味・関心をもつ。【関・意・態】 ◆自然の中に多くある色や形、少ない色や形に気づく。【気づき】
第２次	**さわる技をゲットしよう!!** ・「同じものを探そうゲーム」をする。 ・「ちくちくしたものを探そう」ゲームをする。 ・「つるつるしたものを探そう」ゲームをする。 ・「さわって気持ちのよいものを探そう」ゲームをする。 ・「さわり図鑑」をつくる。<本時>	◇まず触感を限定することで触覚に対するイメージを与える。 ◇持ってこられないものには荷札を渡し、縛りつけるようにする。 ◇限定した触感の対象を広げる。 ◆いろいろなものを触って感じようとする。【関・意・態】 ◆触感を言葉で表現する。【思・表】 ◆自然の中にはさまざまな感触があることに気づく。【気づき】
第３次	**においをかぐ技をゲットしよう!!** ・自然物のにおいを食べ物やさまざまな商品にたとえ、お店をつくる。 ・店員、お客さんにわかれて「においショップ」をひらく。	◇商品を並べるお店として模造紙とペンを用意する。 ◇多様なにおいの自然物がある場所を選び、安全性を確認する。 ◇店員とお客さんに役割分担をする。 ◆いろいろなもののにおいをかいで感じようとする。【関・意・態】 ◆さまざまなにおいを言葉で表現する。【思・表】 ◆さまざまなにおいがあることに気づく。【気づき】
第４次	**しょくの技をゲットしよう!!** ・食べられる野草を探す。 ・生き物たちそれぞれが好む野草を食べる。	◇食べられないものを示しておく。 ◆今までに体験した感覚を活かしながら野草を探す。【関・意・態】 ◆身近な野草が食べられることに気づく。【気づき】
第５次	**きく技をゲットしよう!!** ・まわりの音をきいて言葉で表現する。 ・みつけた音で、「自然の音楽会」をする。	◇自分で音を鳴らす、その場所できく、どちらでもよい。 ◆今までに体験した感覚と関連づけて音をきこうとする。【関・意・態】 ◆音を言葉で表現する。【思・表】
第６次	**五感すべてをつかってふりかえろう!!** ・くま手図をつかって京大農場で感じた五感を表現する。	◇活動の様子や今までとってきた生き物たちの写真や実物を提示する。 ◆今までの体験を五感で表現しようとする。【関・意・態】 ◆五感を用いて多面的に表現する。【思・表】

するツールとして用います。

子どもたちからは視覚情報（見えたこと）に関することは比較的たくさん出されますが、他の感覚（「におい」や「あじ」など）の情報は、何も手だてなしではなかなか出てきません。そのため、映像で想起させたり、「くま手図」を活用したりすることによってはじめて、他の感覚の情報もたくさん想起することができるようになりました。

❸授業の流れ・ポイント

◆本時のねらい

本時では、身近な自然の中で採ってきた植物を使って、グループごとに仲間分けをする「さわり図鑑」づくりを行いました。自然物に触った感覚を言葉で表現しながら、比べたり仲間分けしたりすることができるようになることをねらいとします。その過程において思考スキルを活用した場面もうまれるはずです。

◉シンキングツールについて

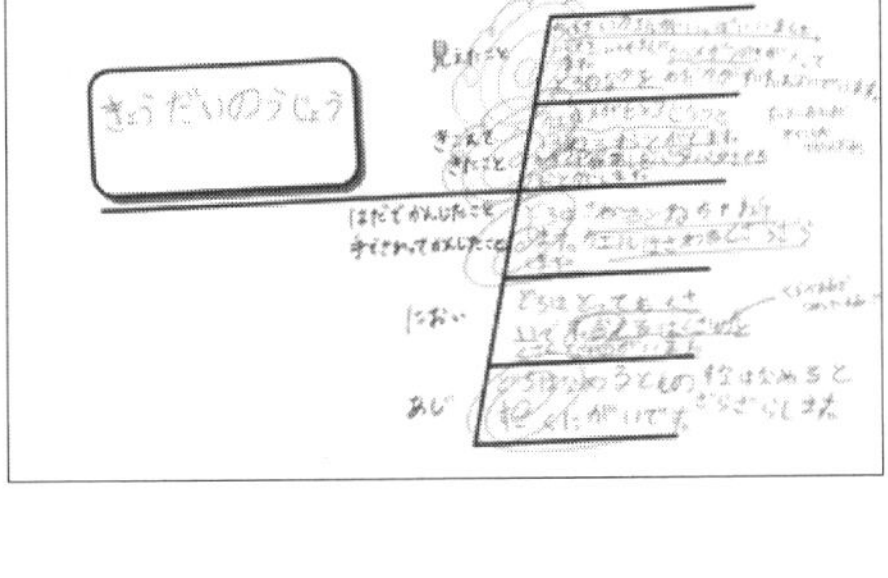

この「くま手図」を活用して子どもたちは京大農場での体験を振り返り、とらえ直します。

これによって、生み出された気づきを自覚することができるのです。

◉本時の計画

学習活動	教師の支援	評価
1　今まで行ってきた「さわる技」をゲットするためのゲームを思い出す。	・電子情報ボードに今までの活動の写真を提示し、発言を促す。 ・今まで見出してきた触った感覚を言語化したものを板書しながらそれぞれの感覚について共通理解を図る。	
2　本時のめあてについて確認する。 **「さわりずかん」をつくろう**	・どんな「さわり図鑑」にすればよいかについて、評価のポイントを共有化する。 **＜評価のポイント＞** この図鑑を見たら、「さわる技」をゲットできるようになる。	
3　グループごとに「さわり図鑑」をつくる。	・グループで図鑑をつくっていく際に、実際にさわりながら、そして言語化しながら話し合うように促す。 ・キーとなる葉（ウバメガシ）をどのグループにも入れておく。	・実際にさわって言葉に表し、それぞれの自然物や友だちの感覚と比べながら仲間分けをしている。 ・自然物を比較していく上で、違いだけに着目するのではなく、同じところに気づくことができる。
4　「さわり図鑑」をつくっていく中で、気づいたことや困ったことなどを全体で話し合う。	・複数のさわった感覚があるウバメガシの仲間分けについて焦点化する。	
5　次時の活動の確認をする。	・次は「においをかぐ技」をゲットすることを伝える。	
6　振り返りをする。	・今日の学習のめあてに対して自分の学びを振り返る。	

◆授業のポイント

【ポイント1】体験したことを想起させる

この単元は、五感の一つひとつを順番に使った活動をゲーム化して行っていくものです。

この時間までに子どもたちは、田んぼに手をつっこんだり、草むらに寝転んだりするなど、たくさんの体験活動を行ってきています。そして、その時々に感じたことを五感で表現してきました。

本時の活動では、中でも「触覚」を扱います。

それまでに行ってきたそれぞれの体験においてポイントとなる写真を撮っておき、本時の導入で提示することにしました（下の写真）。

T：これはなにをしているところですか。

C：同じものをさがそうゲーム。

T：どんなことをしたのかな。

C：ふくろの中の葉っぱと同じ葉っぱをさがすゲームです。

C：すぐみつけたよ。ちくちくしていてわかりやすかった。

C：どこにあるのか、なかなかみつからなかった。

体験活動のようす

授業で提示した写真

T：では、このゲームでなんのわざをゲットしたんだっけ。
C：「さわる」わざ!!
T：ところで、この葉っぱの名前は何でしたか。
C：ウバメガシ

このように、子どもたちは写真を見ながら体験を想起していきました。ここでは、後に新たな課題のキーとなる葉（ウバメガシ）を登場させています。

このときすでに、このウバメガシの葉には複数のさわった感じ（ちくちく、つるつる）があることに気づいている子どもたちがいました。

【ポイント2】実物を扱わせる

本時のめあて、どんな「さわり図鑑」をつくればよいかを確認しました。子どもたちの話し合いを通じて「京大農場に行ったことがない人にさわった感じを伝え、行ってみたくなるような図鑑にする」ということが達成基準として決められました※。

次にグループに分かれ、実際に自分たちが採ってきた自然物をつかって仲間分けをする「さわり図鑑」づくりがスタートしました。

※　p. 54～「評価基準をつくる――ルーブリック」参照。

Ｃ：このはっぱはざらざらでいい？
Ｃ：さわらせて。［子どもたちは手や頬で確認する］うん、ざらざらだね。
Ｃ：じゃあ、このはっぱとおなじところにいれる？
Ｃ：うん、そうしよう。
Ｃ：これってちくちくかな。
Ｃ：でも、ここはつるつるやで。
Ｃ：う〜ん、ちくちくのなかまか、つるつるのなかまかどっちにいれたらいいんやろう。

【ポイント３】子どもたちが判断に迷う対象を埋め込む

グループで「さわり図鑑」をつくる上で、どのグループにも複数の触感をもつ葉が入っていることを確認しておきます。ゲームでつかった葉であるウバメガシの葉です。子どもたちにとっては偶然のこととして、しかしこのように新たな課題が必然として全体に共有されるように、前出のような仕掛けをしておくのです。

Ｃ：ぼくたちのグループは、このはっぱをどこのなかまにいれたらいいか、わかりませんでした。ここはちくちくで、はっぱのおもてはつるつるで、うらはざらざらだからです。

C：あ、それウバメガシや。
C：ぼくらのグループはちくちくにいれてるで。
C：わたしたちはつるつる。
T：こまったねぇ。
C：あっいいことおもいついた。
T：前に出て書いてくれるかな。
C：ちくちく、つるつる、ざらざらはちがうさわったかんじだから一つずつまるにして、でもおなじはっぱなんだからおおきくかこんだらいいとおもいます。
C：あぁ、なるほど。

このように、新たな課題を解決する話し合いの中で、「違いだけでなく同じところに着目する」「関係を丸で囲む」「関係の近さを表そうとする」など、ミューズ学習において習得した「比較する」思考スキルを用いて情報の整理を試みる姿が確認できました。

◆評価について

この単元は、次のようなねらいや目標をもって行っています。

◎ねらい
通学路を散歩したり、近くの公共施設や自然で楽しく遊んだりする活動を通して、身近な自然に関心をもつとともに、交通の安全や公共施設の使い方、人とのかかわりに気づくことができる。
◎つけたい力
身近な自然を利用したり、身近にある物を使ったりなどして、そのおもしろさや自然の不思議さに気づく。

みんなで遊びを楽しむことができる。
◎単元の目標
身近な自然に、五感を使って親しもうとし、遊んだり、感じたりしたことを表現することができ、また自然物が四季とともに変化していくことに気づく。

そして、「関心・意欲・態度」「思考・表現」「気づき」のそれぞれにおいて下記のような基準を設定し、評価を行いました。

	S	A	B	C
関・意・態	積極的に京大農場の自然物にかかわり、新たな発見を見出そうとしている。	京大農場の中にはどのような色や形、におい、触った感じがあるのかを理解し、身近な自然に興味・関心をもとうとしている。	京大農場の活動を楽しもうとしている。	京大農場に興味・関心をもとうとしない。
思・表	五感で感じたことを絵や図、言葉で表現することができ、自然物を比較しながら表現する。	五感で感じたことを絵や図、言葉で表現する。	五感で感じたことを絵や言葉で表現する。	五感で感じたことを絵や言葉で表現することができていない。
気づき	五感を結びつけて感じることができ、多面的に自然を見ることができている。	自然の中に多くある色や形、少ない色や形、さまざまな感触、においに気づける。	たんぼの稲の生長のようすについて気づいている。	五感を通して感じることができていない。

※実際には１年生ではＡＢＣ３段階の基準であるが、子どもをより詳細にみとるために教師側の基準としてＳ基準まで設定した。

❹ 考察および成果

ミューズ学習で習得した「比較する」をはじめ、「多面的にみる」といった思考スキルが効果的に活用されることを目指し、本時においては以下のような手だてを行いました。

◆思考の拡散・収束を促す授業展開

扱う対象を植物などの自然物とし、「触感」という多様な捉え方が生み出される感覚に焦点を当てました。これは、はじめに子どもたちの思考を伸びやかに拡散させることをねらったものです。

そして、活動のゴールである「さわり図鑑」をつくる過程において、自然物や触感による体験でいったんは広く拡散させた思考を、収束させていく思考へと変換させていきます。関係するものを丸で囲むという作業を通して、関係の近さを表すという収束への思考が促されるのです。

◆互いの思考を共有する場の設定

それまで子どもたちが行ってきた活動の写真や実際に子どもたちが採った植物の場所を、電子黒板に提示して、体験を振り返る場を設定します。

こうすることで自らの体験やその場所のイメージといった付加情報が与えられ、子どもたちは「さわり図鑑」づくりを、ただ目の前にある植物の仲間分けをする作業ではなく、自らの体験の振り返りの場として意識することとなります。

ホワイトボードには、子どもたちから出てきた多様な触感を板書して、それぞれどんな触感なのかという共通理解を図っておきます。

これにより、個々それぞれに異なるものであった触感の記憶をある程度狭めることができ、多様に拡散していた感覚を仲間分けという収束思考へと手助けするものとなりました。

さらにグループでの活動において、実際に採ってきた葉を扱うという操作活動を組み込んだことも効果的でした。

実際の葉を互いにさわりながら触感を確認し合い、動かしながら仲間分けをしていく際には、その動きに互いの考えが表れます。

すなわち、手を動かすこと自体が思考を可視化していることとなるのです。この操作活動を通じて他者との感覚の違いやズレに気づき、それが新たな課題として設定されることとなりました。

そして、この新たな課題はその時点ですでにグループで共有されたものとなり、共通の課題として扱われるものとなっていたのです。本

単元では、このような授業の積み重ねにより自然を一つの視点からみるのではなく、「多面的にみる」思考を育成していったのです。

❺学習を振り返って

この学習を通して、子どもたちは五感という言葉を知り、また五感を使ってものごとを感じていく楽しさを学んでいきました。

毎日の『みてみてきいて』※にも、五感を用いてふだんの生活のようすを書き表す子が出てきています。

きょうあたらしくはいったとうげいでした。おさらをつくるのです。きょうは、まだとちゅうです。つくるときに五かんをわたしはつかいました。見るは、くろかったです。はだはふわふわでした。きくは音がつちねんどはしませんでした。あじわうは、ねんどをたべていないのでわかりませんでした。においは、つちのにおいがしましたぎつくるのは、おはしおき、コップ、ちょきんばこ、だと先生がいっていました。たのしかったです。

※　子どもたちが毎日書いて提出することになっている生活日記。

そして、この五感の技をゲットすることで、「生き物とりの達人になる」という目標は達成されました。

この授業の後、宿泊体験学習において川遊びを行っています。川に入って遊ぶことが初めてという子も少なくありませんでしたが、子どもたちの川遊びの目標は、「とにかく生き物を捕まえたい!!」ということでした。

五感の技をゲットし、自信をつけた子どもたち。私は何もアドバイスをしません。自分たちが今まで培った力が発揮される場となりました。

左の上下の写真を比べてみてください。上の写真は、川に入ったばかりのとき。下の写真は川に入ってしばらく経ってからのものです。

さて、どこがちがうのでしょうか。

上の写真では、川の真ん中付近で生き物を探していますが、下の写真では川の端の方を探しています。

子どもたちは、どこに生き物がいるのか、川の水の冷たさ、水の味、石のにおい、水草のさわった感じ、そしてじっと川底をみつめる目で生き物たちを捕まえることができたのです！

このような体験を積むうちに、今まで生き物に触ったことすらなかった子が、秋のたんぼでなんとカエルをつかまえることができるまでになりました。

子どもたちはその子のために、カエルを見つけ、自分がつかまえたいのを我慢して、捕り方を教え、カエルをつかまえる瞬間をみんなで見守っていました。

そして、彼がカエルを手のひらに収めた瞬間、子どもたちはみんなで大喜びしました。


このように、子どもたちには多くの変容が見られるようになりました。定期的に行うアンケート調査においてもある興味深い回答が得られています。

「考えるときに何が必要ですか」という問いに対して、「五感が必要」と答える子どもたちが現れたのです。

子どもたちが考えるときの基礎として、五感は重要な役割を果たしているのではないでしょうか。

4 「比較する」思考スキルの活用

教科名：算数科
学　年：3年
単　元：四角形の確かめ

❶ 単元の構想

図形領域の学習において、図形の定義は重要なものです。にもかかわらず、多くの子どもたちは自らの生活経験や思い込みから定義を正しくとらえていないことがあります。

たとえば、現行（平成二十三年実施）の学習指導要領では、2年生で「四角形と三角形」を学びます。

この単元を学ぶ前の子どもたちは、四角形とはさいころの面の形、つまり正方形だととらえていることが多いようです。また、長方形は「ながしかく」であって四角形とはちがう形だと区別することもあります。さらに、角が直角でない一般四角形ともなれば、そのような形は四角形ではないと言い切る子もいるほどです。

このような概念をもった子どもたちが、この単元で「四角形とは4本の直線で囲まれた形」、「三角形とは3本の直線で囲まれた形」であるという定義を学びます。そして、正方形も長方形も一般四角形もすべて四角形の仲間であるという見方を習得することになるのです。

私たちは3年生の児童を対象に、「比較する」ためのシンキングツール（ベン図）を活用し※、長方形と正方形を比較させるという活動を行いました。これにより、それぞれの図形の定義を正しく理解させるとともに、図形の包摂関係に気づかせようという学習です。

なおこの実践は、平成二十二年度のものです。つまり学習指導要領の移行期間であり、対象となった3年生は関大初等部に入学する以前の2年生のとき（平成二十一年度）に正方形や長方形の定義を学習してきています。したがってこの単元は、3年生の「三角形」の単元の前に位置づけ、これまでに学習した図形学習の復習と発展をねらいとして行っています（現行の教育課程においては、2年生の「三角形と四角形」の単元の発展問題、または、この実践と同様に3年生の「三角形」の単元の前の図形の復習・発展単元として位置づけることができるでしょう）。

❷ 単元の計画と使用するシンキングツール

この単元では、①仲間分けをするために集合を表す、②「比較する」思考スキルを活用するためにベン図を用いることを行います。

※　子どもたちはこの学習以前に、ミューズ学習において「比較する」思考スキルを習得し、その際のシンキングツールとしてベン図の使用を経験している。

◉単元の計画

時	ねらいと学習活動	使用するシンキングツール
第１時	（ねらい） 長方形と正方形と一般四角形を仲間分けの課題を通して、「同じところ」と「違うところ」に気づく。 （学習活動） 1　付箋紙に印刷された長方形と正方形と一般四角形をペアで相談して仲間分けする。 2　自分たちの仲間分けを伝え合う。 3　それぞれの仲間に重なり（同じところ）があることに気づく。	集合を表すベン図 ・同じ仲間を枠で囲み、仲間分けを表す。
第２時	（ねらい） 図形（四角形）の包摂関係について考えようとする。 （学習活動） 1　角を視点にして長方形と正方形を比べる。 2　辺を視点にして長方形と正方形を比べる。 3　正方形は長方形の特別な形であることに気づく。	ベン図 ・視点を明確にして比較する。 ・同じ仲間を枠で囲み、仲間分けを表す。

◉シンキングツールについて

算数科においては日常、ノートを表現の作業台として活用しています。また、すでにミューズ学習でベン図の使用の仕方を学んでいることから、この単元の学習では、ベン図はノートに、子ども自身でかかせます。

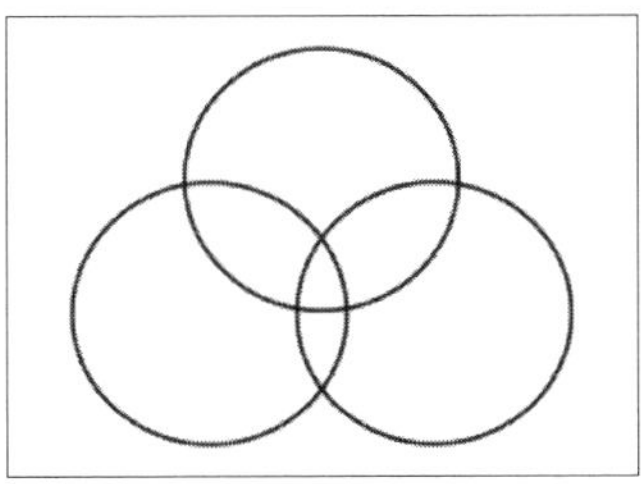

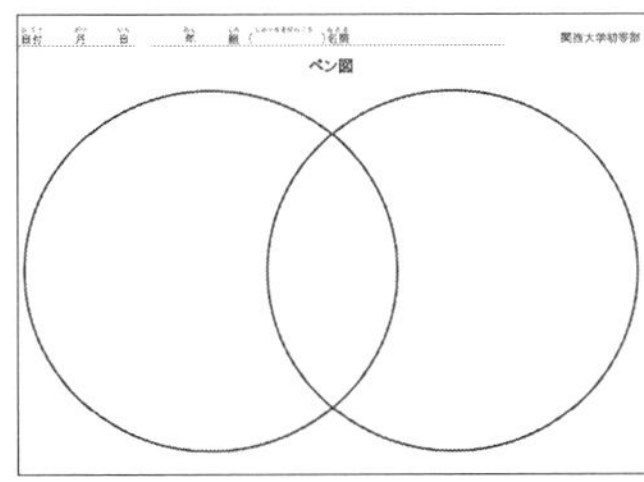

❸ 授業の流れ・ポイント

◆本時のねらい

この単元は、三角形の前の復習・発展単元として2時間で扱います。

第1時では既習の長方形、正方形、一般四角形を仲間分けします。作業のうちに話し合いを通して、それぞれの仲間に重なり（同じところ）があることに気づかせていきます。

第2時では、長方形と正方形を比べるために、図形の構成要素に着目して比較し、図形の包摂関係を理解することをねらいとします。

図形の包摂関係とは、図形間において、ある条件を満たすか満たさないかという関係のことです。

たとえば「2辺の長さが等しい」という性質を持っているかで三角形を調べると、二等辺三角形も正三角形も、ともにこの性質を持っています。そこで、「二等辺三角形に加えて、正三角形も含めて二等辺三角形と見ることにする」ということです※。

図形間の包摂関係を考えることは、図形の定義や性質をいっそう理解することにつながるだけでなく、図形を柔軟（動的）に見たり、図形間のつながり（仲間）を考えたりできるというよさがあると考えられます。

※　昭和55年度実施の学習指導要領まで「隣り合う2つに図形についての包摂を考える」と記されていたが、それ以降、学習指導要領では取り扱われていない。

◉本時の計画

第1時	学習活動	備考
導入	1　スライドにさまざまな図形を映し出し、子どもたちにどんな形なのかを答えさせる。 2　本時のめあては、2年生の時に学習した四角形の仲間分けをすることであることを確認する。 3　付箋紙に印刷された長方形と正方形と一般四角形をペアで相談して仲間分けする。 ・長方形がある。 ・正方形がある。 ・どちらでもない形がある。	・2年生で学習した内容であることを確かめる。 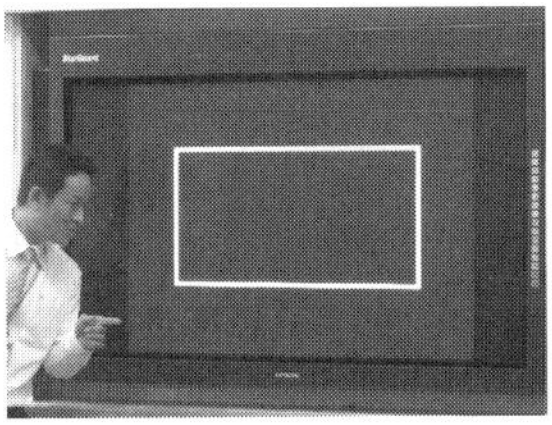 ・ペアに図形カードを配布する。（準備：図形カード）
展開1	4　自分たちの仲間分けを伝え合う。  5　それぞれの仲間に重なり（同じところ）があることに気づく。 ・長方形と正方形は四角形の仲間の中に入る。 6　長方形と正方形の関係に目を向ける。	・既習の内容であっても、子どもたちはそれぞれを別々の形ととらえている。そこで、四角形の定義を確かめる。 ・四角形の定義 ・4本の直線で囲まれた形 （評価） 四角形の定義を根拠に、長方形と正方形を四角形の仲間と見ることができたか。

第２時	学習活動	備考
導入	1　長方形と正方形はどちらも、四角形の仲間の中に入ることを確かめる。 2　本時のめあては、長方形と正方形を比較し、あらためて仲間分けを考えることであることを確認する。	
展開２	3　長方形と正方形を比較する。 「図形(形)を比べる時には、どんな視点で比べることができそうですか」 ・角で比べてみよう。 ・辺で比べてみよう。 4　１人で考える。  5　考えを出し合う。	比較する時には、視点が大切であることを伝える。特に図形の形を比較するので構成要素に着目させる発問をする。 各自でノートにベン図をかかせ比較させる。 (評価) 視点を明確にして比較することができたか。
まとめ	6　図形(四角形)の仲間分けをベン図にまとめる。 ・正方形は長方形の特別な形だ。 5．学びを振り返る。	(評価) 図形（四角形）の包摂関係に気づくことができたか。

◆授業のポイント

【ポイント1】仲間分けに付箋を使用する

仲間分けする活動の中で、こだわった部分です。

この仲間分けの活動は、いろいろと要素（図形）を動かしながら考える所に特徴があります。たとえばある子は、まず全部の要素を広げて全体を眺めてから、一つひとつ取り出して仲間をつくっていきます。一つひとつの要素を順に判断しながら仲間をつくっていく子もいます。いずれにしても、要素が動かしやすく、さらに固定しやすい方がこの活動には向いているのです。

これまで私の知っている実践は、仲間分けしたそれぞれの図形を、並べたあとでのり付けして固定したり、セロテープで貼り付けるといったものばかりでした。

のりをつけて貼り付ける方法は、固定するまでに風で飛ばされてしまうなどといった不安定さがありました。また、一度固定してしまうと、今度は移動させることができません。セロテープをつけて並べていけば飛ばされる心配はありませんが、移動させる際に紙やノートが破れてしまうなど、いずれも作業過程での移動がしにくいとい

う難点がありました。

それが付箋を使用することで、すべて解決したのです。付箋紙なら安定させやすい上に、移動も簡単です。

この移動させるという作業にこそ、子どもが考える瞬間があるのです。付箋を使用することで、子どもには作業に対する余計な心理的負担がかかることなく、さらに教師としてはその移動の瞬間に注目しやすくなり、子どもの活動を評価することができるので、学習活動のねらいにもぴったりです。

さらに、付箋は円形のものを使用しました。教科書などに示される図形は、見た目に比較的安定した状態で示されていることが多いものです。しかし、同じ四角形も、置き方を変えればひし形に見える、といったこともあります。

図形を豊かに見られるようにするためにも、タテヨコのきまりのないさまざまな置き方ができるように、台紙となる付箋は円形にしてみました。

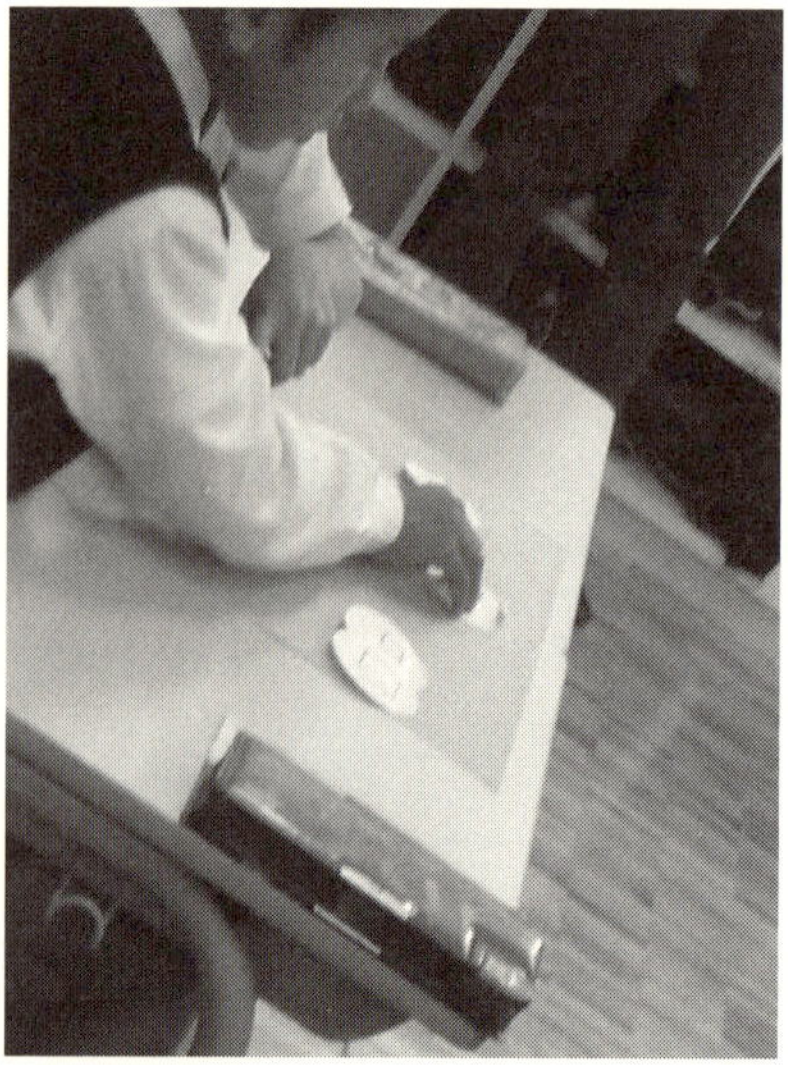

付箋をつくる

ちなみに、どのようにして付箋に図形を印刷したかというと、
1 付箋の大きさと同じ大きさの円を用紙にいくつか描く。
2 その円の中に、図形を描く。
3 それを何部かプリントアウトする。
4 プリントアウトしたその用紙の円と重ねて付箋を貼る。※1
5 付箋を貼った状態で、プリンターにセットし、プリントアウトする。※2
6 出来上がり。

※1 その後プリンターにセットして印刷するので、付箋がプリンターにつまったりしないよう方向を考えて貼る必要があります。
※2 私はうまくいきましたが、プリンターによっては難しいかもしれません。

【ポイント2】図に表されたものから「視点」に気づかせる

ベン図に表されたようすをもとに、それぞれの図形を別々のものと捉えていた子どもたちに、定義を根拠にすると同じと見ることができる考え方に気づかせ、長方形と正方形の関係に目を向けさせせました。

T：重なりがある仲間分けや、重なりがない仲間分けなどいろいろと出てきました。

ところで、ベン図の重なっているところは、どんな仲間をあらわしていますか。

C：同じ仲間です。

T：そうですね。ところで、四角形とはどんな形のことでしたか。

C：4本の直線で囲まれた形です。

T：その通りです。それでは、左下のベン図を見てください。この部分（矢印の部分）はどんな仲間をあらわしていると言えますか。

C：……。

T：ここは、四角形の枠の外にあるので、「正方形だけど四角形ではない仲間」ということになりますね。

C：正方形だけど、四角形じゃない？

C：四角形じゃない正方形なんてないよ。

T：そうですね。四角形じゃない正方形はありませんね。だったら、正方形の仲間は、四角形の仲間からはみ出ていいのですか。

C：はみ出てはいけません。だから、正方形の仲間は四角

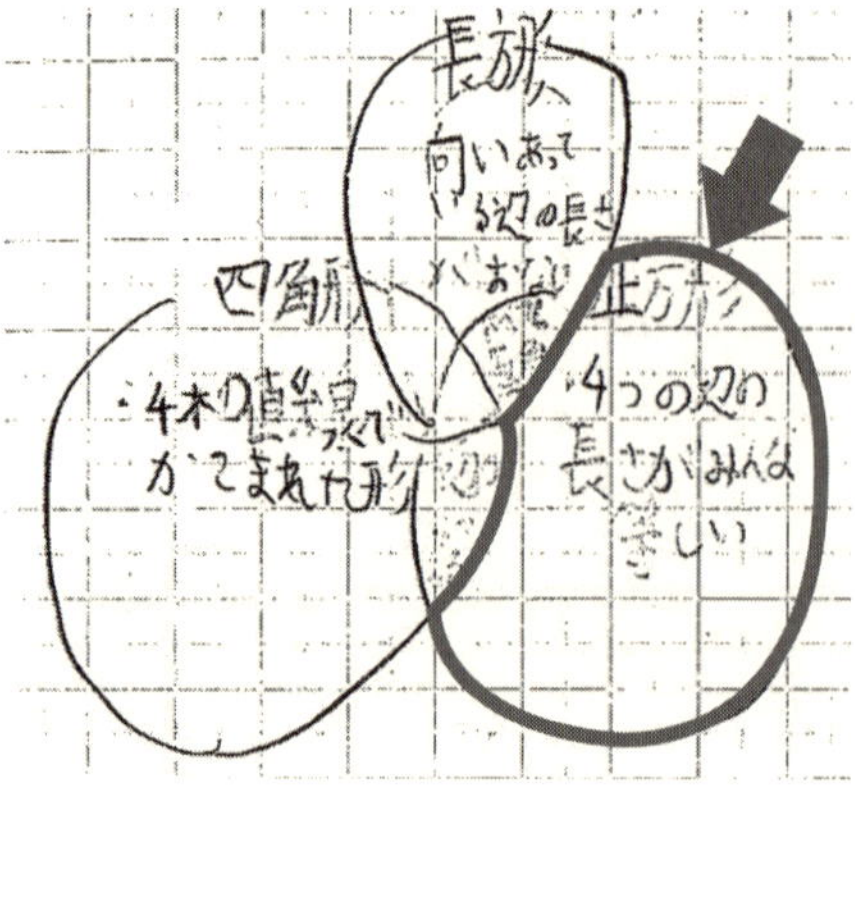

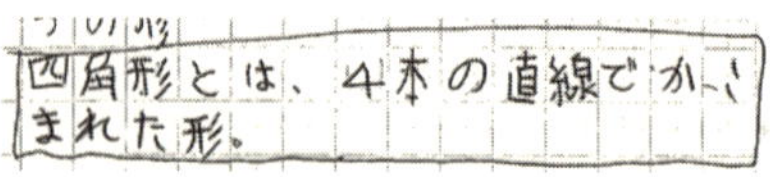

形の中に全部入ります。

C：それなら、四角形じゃない長方形もないから長方形も四角形の中に全部入るんじゃないかな。

C：そうだ。正方形も長方形も四角形だ。

C：だから四角形の枠は、長方形と正方形をぜんぶ囲んだ枠になる。

【ポイント3】話し合いの結果を図に書いて確認させる

さらにベン図を使用して「比較する」ことから、長方形と正方形という二つの図形はどのような関係にあるのかを考えさせました。

T：長方形と正方形はどんな関係になるのか、二つを比較して考えましょう。

どんな視点で比べればよいですか。

C：辺の長さで比べればいいと思います※。

C：角で比べればいいと思います。

T：それでは、ノートにベン図をかき、視点を決めて比べて

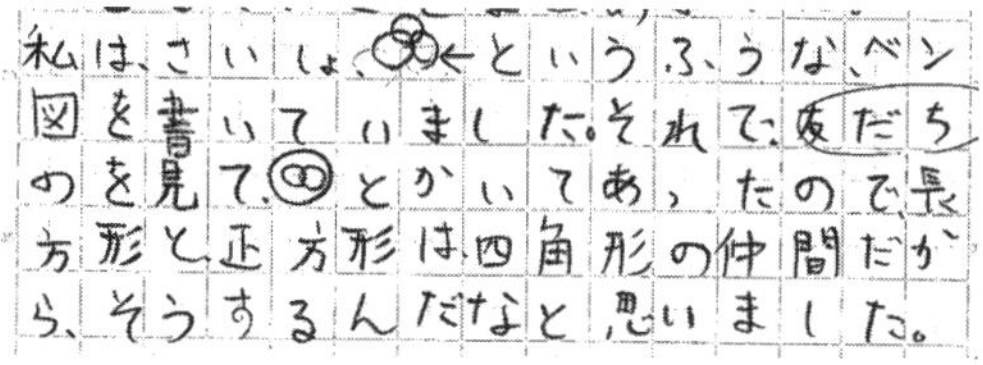
私はさいしょ、◯◯←というふうな、ベン図を書いていました。それで、友だちのを見て、◎とかいてあったので、長方形と正方形は四角形の仲間だから、そうするんだなと思いました。

※　辺の関係である平行や垂直は未習。

みましょう。
C：長方形も正方形も角を視点にして比べるとどちらも「すべての角が直角」になります。
C：辺の長さはすべて等しければ正方形だけど、長方形は短い辺と長い辺があります。
C：角は同じで、辺の長さがちがうんだ。
T：長方形の定義は、なんでしたか。
C：長方形は「すべての角が直角な四角形」です。
T：ということは、「辺は長い辺と短い辺がある。」とありますが、これはどうですか。
C：たまたまそうなっているのだと思います。
C：ということは、短い辺と長い辺がたまたま同じに長さになったときが正方形だと思います。
T：それでは、この話し合いの内容を入れて、もう一度仲間分けのベン図をかいて、学習をまとめてみましょう。
T：今日の学習をふりかえりましょう。
C：長方形の定義には、向かい合う辺の長さが等

■角を視点として

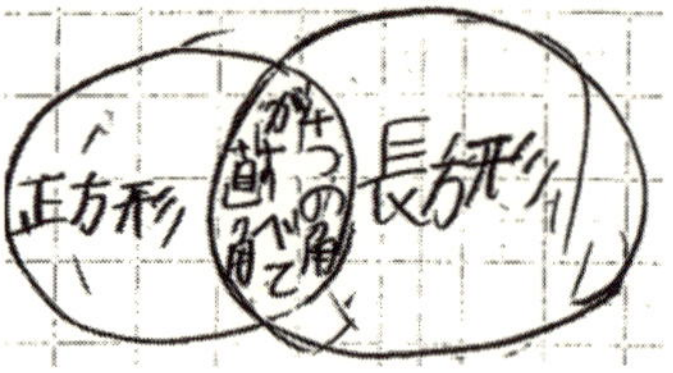

■辺を視点として

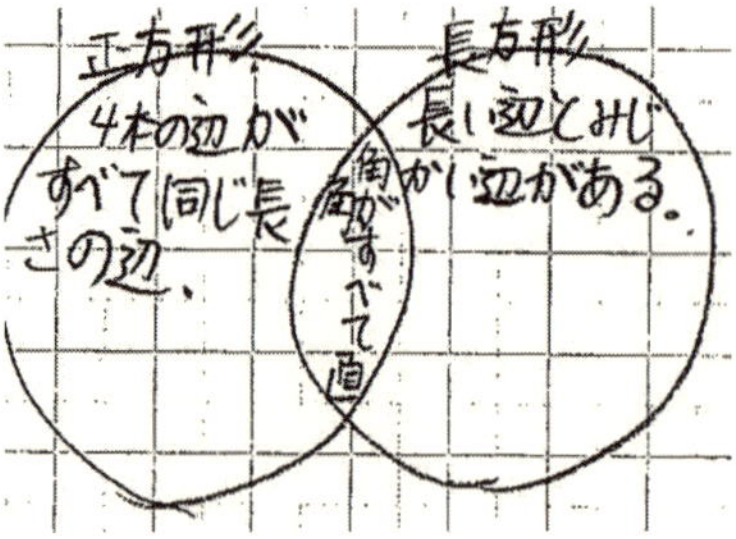

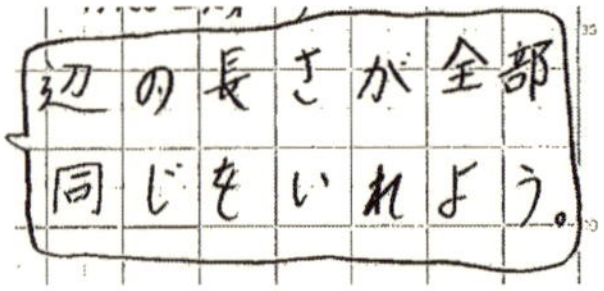

しいということがなかったということをわかってよかったです。ベン図の仲間分けも、カンガルーのふくろのみたいにできてうれしかったです。

C：今日は仲間分けをベン図で表すのにすごく考えました。でも友だちの意見を聞いてわかりました。正方形は長方形の特別な形だとわかりました。

C：今日ベン図で仲間分けをして、四角形の中に長方形があって、長方形の中に正方形があることがわかりました。

C：正方形と長方形はべつべつと思っていたけれど、正方形は長方形の仲間ということをはじめて知りました。

■子どもがまとめたベン図

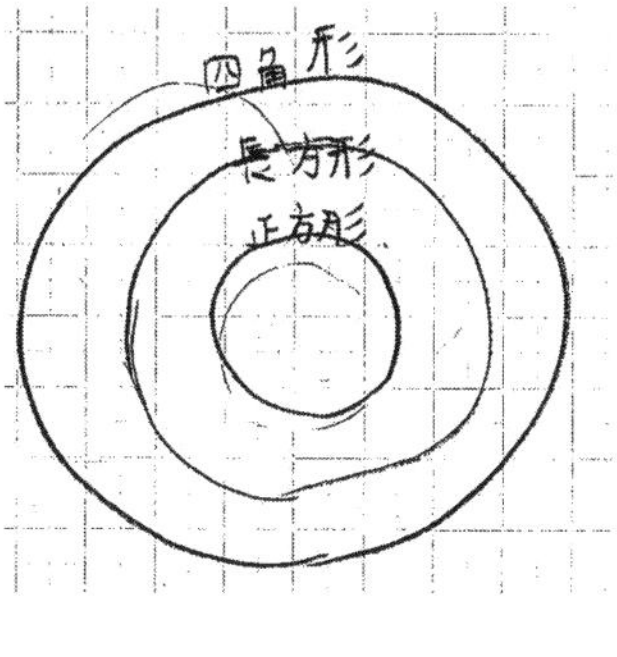

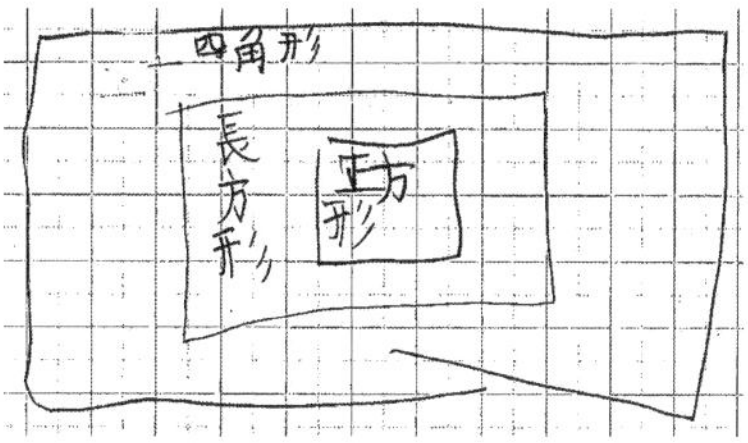

◆評価について

この単元は、四角形の学習の復習・発展として位置づけています。そのため、仲間分けを理解することではなく、定義や構成要素に着目して比較して考えたり、自分の考えをベン図で表現しようとしたりする学習の過程に評価の主眼を置きました。

❹考察および成果

子どもたちは、

四角形……4本の直線で囲まれた形
長方形……4つの角がすべて直角の四角形
正方形……すべての辺の長さが等しくて、4つの角がすべての角が直角の四角形

という定義を学んでいたにもかかわらず、はじめの仲間分けではぞれぞれの図形を独立した仲間としてとらえていました。

これは、それぞれの図形を「別のもの」ととらえていたこ

	S	A	B	C
関・意・態	三角形などほかの図形についての仲間分けに興味をもつ。	「四角形」「長方形」「正方形」の仲間分けを定義や図形の構成要素に着目して考えようとする。	「四角形」「長方形」「正方形」の仲間分けを考えようとするが、根拠を考えようとしない。	「四角形」「長方形」「正方形」の仲間分けを考えようとしない。
数考	仲間分けを表現したベン図に定義などの言葉を付け足して表現する。	図形の定義や構成要素に着目して比較したことを根拠に仲間分けする。	思い込みや見た目など曖昧な根拠で仲間分けする。	仲間分けをすることができない。

とを表しています。「別のもの」ととらえるということは、つまり、「違い」に着目していたといえるでしょう。

　しかし、今回の仲間分けの学習を通してあらためて定義を確認すると、定義の中に「同じ」と見られる部分があることに気づくことができました。「違うこと」だけでなく、「同じこと」にも目を向けるという比較思考スキルが発揮された場面です。

　これは、ミューズ学習において、シンキングツール（ベン図）を用いるなどして「比較する」思考スキルを学んだ成果だということができるでしょう。

　また同時に、比較する際には視点を明確にする必要があります。

　長方形と正方形を比較する際には、図形の構成要素である辺や角を視点として比較しました。「構成要素に着目する」という図形の大切な見方を引き出すことができたことも成果として挙げられるでしょう。

「同じところ」があることに気がついた子どもたちは、

「ベン図で仲間分けをすると重なるところがある。どのように重ねればいいのだろう？」

とベン図をいろいろに重ね合わせ、その枠組みの中にどのような四角形が入るのかを考えました。そして最終的には、正方形は長方形の特

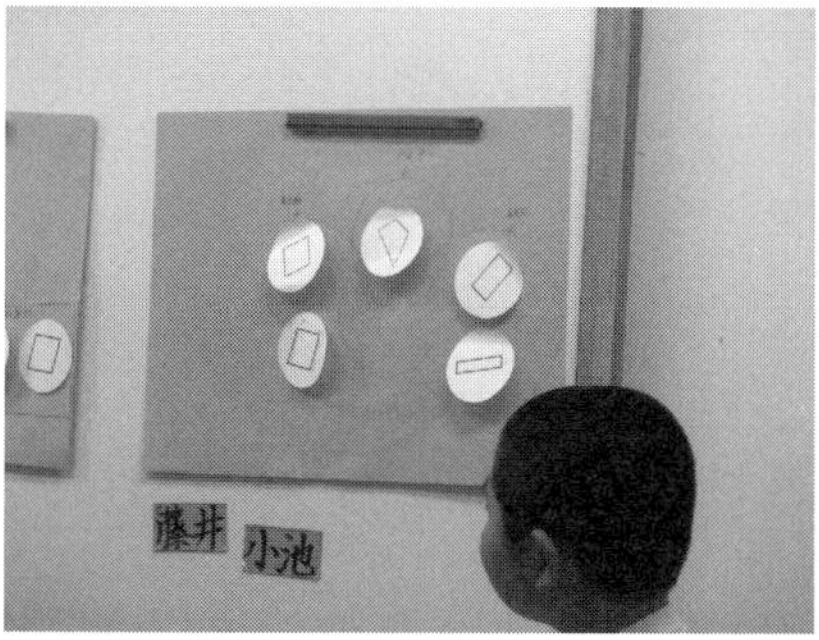

別な形であり、仲間と見ることができるようになりました。

ただ、今回の学習では、同じベン図を「集合を表す場合」と、「比較する思考スキルを活用する場合」の2種類の使い方で同時に扱ったという点で、子どもたちに混乱を招いてしまった点が課題として挙げられます。

そもそも算数科において、ベン図は集合を表すものとして扱われます。私自身もベン図は集合を表すものとしての意識が強くありました。

しかし子どもたちは、無意識のうちながら、それを柔軟に使い分けていたように思われます。さらに、この活動から「仲間分けする」思考スキルの前段階として、「比較する」思考スキルが活用される

ということが実践的に明らかにされたとも言えるのではないでしょうか。

❺ 学習を振り返って

先にも述べたとおり、図形の包摂関係を指導することは、図形の定義や性質をいっそう理解することにつながるだけでなく、図形を柔軟（動的）に見たり、図形間のつながり（仲間）を考えたりできるようになるよさがあると考えます。

実際、この単元の後で「三角形」を指導した際には、子どもたちから「三角形も仲間分けしたい」という声が上がりました。

3年生で学習する三角形は、二等辺三角形と正三角形です。四角形のときと同じように「三角形」、「正三角形」、「二等辺三角形」の仲間分けを行うことにしました。子どもたちはまず「三角形」という枠組みを、一番外側に大きくかきました。四角形の時に「四角形」の定義が一番広くとらえられたことを想起しているようです。

次に、「二等辺三角形」と「正三角形」を比較します。今回は以前よりも簡単に以下のような仲間分けのベン図を完成させることができました。四角形の仲間分けの場合は、「すべての角が直角」というように、角にも着目する必要がありましたが、三角形の場合は、辺だけに着目すればよいからでしょう。

活動を通して、子どもたちは下のようなベン図を完成させました。

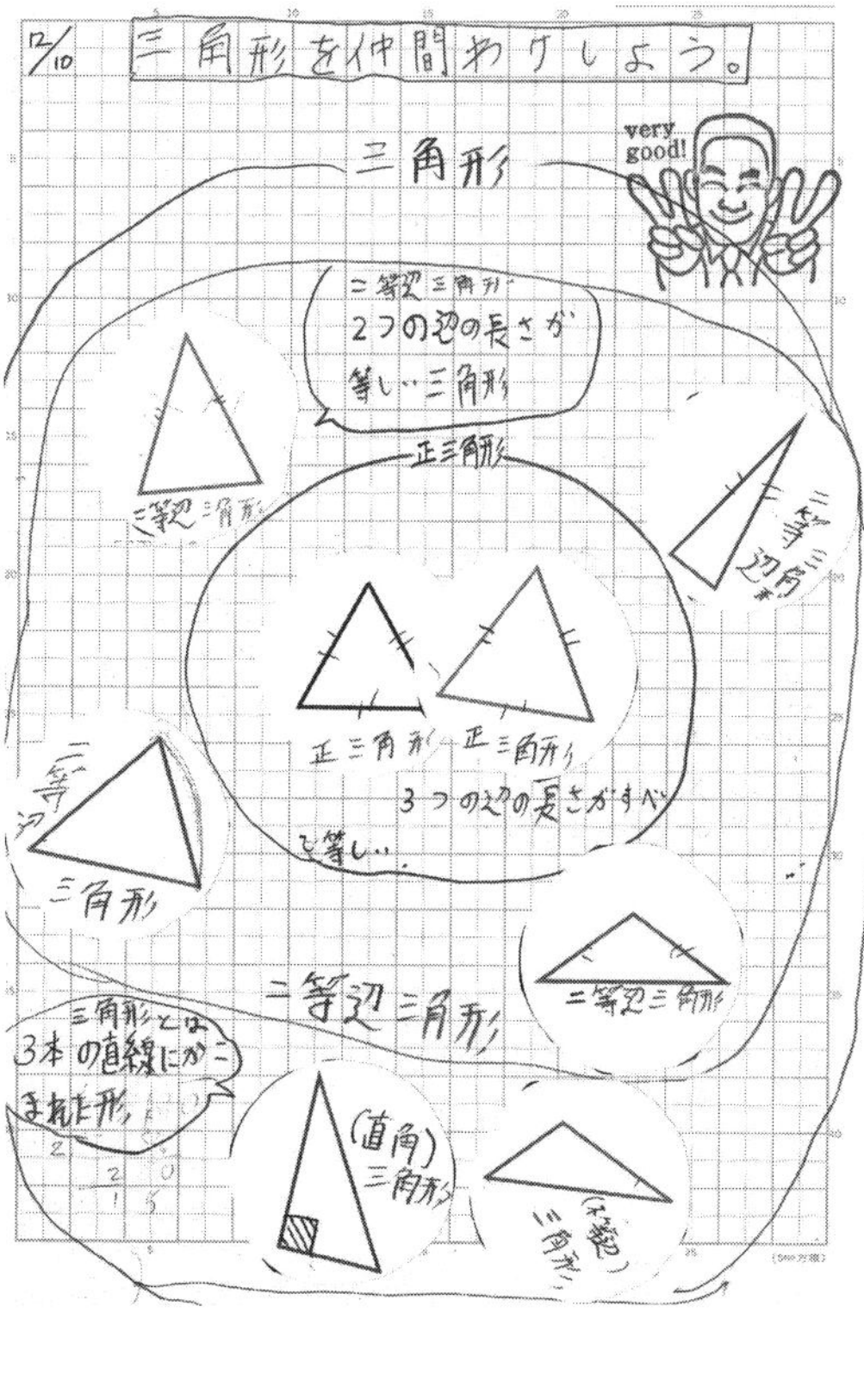

しかし、これだけでは終わりません。このノートの左下に見える三角形（青色にして提示）。ここにはさらなる探究心を喚起させる

仕掛けを施してありました。

辺だけに着目して四角形よりも簡単に仲間分けを完成させたはずだったところ、ある子が気づきました。

「青色の三角形は、直角三角形だ！」

「直角三角形は、三角形の仲間だけど、枠はどうやってかけばいいのだろう」「三角定規は直角三角形だけど、１つは二等辺三角形だ」「あれれれ？」

……。

ここで、授業の終わりの時間が来てしまいました。私は、あえて

「直角三角形の仲間がどんなふうになるのかは、自分で考えましょう」

そう言って授業を終わりにしました。

さらに謎が深まった子どもたちの興味は、三角形にとどまりませんでした。もっと別の図形についても仲間分けをしてみたいと言い出したのです。

この子どもたちが４年生になり、台形、平行四辺形、ひし形などを学ぶときに、どのように図形を見るのでしょうか……。今から楽しみです。

5年生になったらいろんな形をし
りたいです。

※

※　子どもの感想には「５年生」とありますが、学習指導要領の改訂により、「四角形」は現在４年生の単元です。

5 「分類する」思考スキルの進化
——文脈の中での授業デザイン

教科名：ミューズ学習
学　年：1〜3年

「分類する」という思考スキルは、各教科、道徳、学活および総合的な学習の時間といったさまざまな授業場面で登場します。「分類する」思考スキルの習得には、全体を見て、どのような視点で仲間分けできるのかを考えさせる体験が重要です。

❶ 総合的な学習の時間との連携

3年生に「分類する」思考スキルの授業を行うに際し、当初は、総合的な学習の時間で扱っているビオトープの授業とつなげるのが適切ではないかと考えました。授業のねらいを「ビオトープの動植物を分類する活動を通して、分類するためには視点を見つける必要があることがわかる」とし、3年生の授業デザインを始めました。

◆日常と関連づけた導入

ビオトープを分類する活動に入るために、まずは導入段階で、日々の体験と関連づけて「分類する」のイメージ化を図ろうとしました。たくさんのものがあり、分類せざるを得ない状況にあって初めて「分類する」必然性がうまれるからです。ごちゃごちゃになるほどものがある――分類する必然性がある子どもたちの日常といえば、まず、整理整頓。

「たろうくんはつくえの上がごちゃごちゃしていて……」と話し始めると、子どもたちはにやにやします。きっと心当たりがあるからでしょう。そこで、「こんなようすです」と、おもむろに机の上がごちゃごちゃになっているスライドを提示すると、「わーー、ぼくのつくえの上だあ」など口々に言い始めました。

分類するときには「それぞれのまとまりに名前をつける」「いろいろなまとまりを考える」ことを確認し、Yチャートなどを使いながら、やがて自分の経験に基づいて本類、ペン類、ファイル類……というように仲間分けし、かつその理由も述べることも

できました。

◆本題に入る

「分類する」必然性を感じ、分類作業を試したところで、本題の「ビオトープの世界を分類しよう」という課題に取り組みました。これはビオトープに関係する虫や植物等の20枚の写真を分類するというものです。

導入とした整理整頓の授業では、身近な生活が問題となっているため、自分の経験に基づいた仲間分けと、その理由を述べることもできました。しかし、「ビオトープの世界を分類しよう」の場面では、経験の不足から、20枚の写真を前にして難航している子どもが目立ったのです。

ビオトープにかかわりのあるものの分類については、総合的な学習の時間で活動をしているとはいえ、そこに住む生き物たちを俯瞰的にみることは少なく、分類する視点を見つけるのが困難だったようなのです。振り返りの記述に「知識がなかったから、どう分けていいかむずかしかった」「どうしても仲間になれないカードがあってどうしよう迷った」とあることからも推し量ることができます。

また、机の上にあるカードを自分の手の中に集めていきながら分類する方法をとっていた子どもの姿から、上位語と下位語が混在し

た分類が多く見られたり、全体を見た分類をしていなかったりするなどといった問題点も明らかになりました。

◆実践に基づく授業デザインの修正

この実践を受け、授業デザインを修正しました。「ビオトープ」といった多くの知識を必要とする題材ではなく、もう少し慣れ親しんでいる要素を取り入れ、意味をもって分類する状況をつくりたいと思ったのです。

留意したのは以下の3点です。

・果物屋さんになるという前提条件を与え、各自が果物屋の店員として果物を分類するという立場をはっきりさせました。

・分類する意味に気づかせるために、現実に近い状況を設定しました。みかん、りんご、もも、バナナの4種の果物それぞれに対し、4枚ずつのカードを用意し、くだものカードには、それぞれに異なる入荷日と値段を設定しました。

・機械的に分けきれないことで、分ける意味を自分で見出す設定をしました。4種類の果物に対し、きれいに分けきれない状態をつくるために3枚のお皿を配布したのです。

組み立て直した授業を実践した結果、全体を見て意味のある分類をしているようすが見られました。「分類するとよく見えるし欲しいものがわかりやすい」「分け方によって見え方が変わる」「意味があるから分けるんだ」という振り返りの記述からもわかります。

3年生では、より切実感のある学習活動を設定し、「全体を俯瞰的に見て視点をつかむ」という体験を重ねることが、「分類する」思考スキルを習得していく上での鍵になるのではないかと考えます。

❷ 実践を他学年に活かす

3年生での実践を受け、1年生と2年生では「分類する」ために必要な上位語下位語を扱う場を設定したり、なかま分けの視点は複数あることがわかったりするなど、「分類する」方法の習得に特化した授業実践を行いました。

1年生では、何かについて知識を深める「博士」になりたい分野を決め、その分野について図鑑を調べて詳しくなることを通して、分類するために必要な上位語や下位語を扱う単元のデザインを試みました。

◆1年生の単元をデザインする

単元をデザインする段階では、1年生とはいえ、ことばに上位語と下位語があることを経験上知っているのではないかと、教師は予想していました。

たとえば、「くだもの」のなかに「りんご」や「みかん」ということばが含まれることを、子どもが何らかの方法で表現できるのではないかと考えていました。それは、日常生活の中で、仲間分けしたり、仲間分けしたことばを使ったりしているからです。

しかし、「くだもの」「りんご」「みかん」のことばを書いたカードを並べて見せたとき、一年生の子どもはそれぞれのことばを理解できても、それらのことばの関係を見ようとはしませんでした。

一方、「くだもの」「りんご」「みかん」ということばと箱を見せ、どのことばが箱のラベルになりどのことばが箱の中に入るのかを見出すことは比較的簡単でした。

箱などの具体物を見せないで「くだもの」は他のことばの上位語であると気づいたり図にしたりできる子どもは少なく、上位語と下位語が混在していたときに関係を見出すことは難しかったことから、上位語と下位語を扱っていても示し方によって難易度が異なるのではないかと考えられます。

1年生の子どもは、上位語と下位語を知らないのではなく、上位語と下位

語の関係をつくることが難しいのではないかということが見えてきました。

◆子どもの実態に基づく授業デザインの修正

そこで、まず、上位語と下位語の関係を目に見えるようにして、子どもに提示しました。授業では、図書館の書架に「恐竜」「魚」「宇宙」など分野別のカードを作り、そのカードの下に関係する本を並べておきました。カードには上位語を書き、そこに置かれた本の背表紙からは下位語が見えるようにしました。このような準備をした上で下位語だけを見せ、どのような上位語が適切なのかを考えさせました。

次に、博士になりたい分野のカードを見て、その中で読みたい本を手に取り、本の中から興味のあることばをワークシートに抜き出すという個別学習の時間をとりました。さらに、ことばが抜き出されたワークシートを全体の子どもに見せながら、それらはどの博士が使うことばなのかを発言させました。授業の最後には、読み聞かせを行い、その本をどの分野の棚に置いたらいいのかを考えさせました。

いずれも、複数の下位語から上位語を想像させる活動です。

子どもは、自分が興味のある分野を選んでいるので、意欲的に学習に取り組むことができました。乗り物博士になりたいKさんのワークシートには、「動物園バス」「レスキュー車」などのことばが書かれており、それを見た子どもたちは、「Kさんは乗り物博士だよ」と予想していました。その理由を尋ねると、どれも乗り物の名前であるから乗り物博士だと思ったという回答が多くありました。

このように、1年生では、さまざまな方法で仲間分けしたり分けたものに名前をつけたりするなど、上位語と下位語を使う体験を取り入れた活動が必要ではないかと考え、授業デザインを修正しました。

◆2年生の単元をデザインする

2年生では、8種類の果物のカードを配布し視点を決めて分類することを通して、仲間分けの視点は複数あることを理解させることをねらいとした単元のデザインを試みました。

8枚のカードを教材提示装置で拡大して見せ、違いに視点をあてて仲間分けをしてみようと投げかけます。

「比較する」思考スキルを習得するときに、何が違うのか、それから何が同じなのかを考えた後だったので、形が違う、色が違うと発言が容易に出ました。授業では、形、色といった視点をカードに書かせ、その視点をもとにいくつかのグループに分けるよう指示をしました。視点ということばは教えなくとも、分けたグループには名前がつくことを理解させたかったからです。

名前のつけ方を見ると、形や色などのようにカードから読み取れる情

報をもとにしたものと、味や堅さなど体験を通した知識をもとにしたものに分けられました。

前者は多くの子どもがすぐに見出せた視点ですが、後者のような視点を見出す子は、多いとは言えません。机上のカードを「分類する」という活動をするだけのことですが、そうした活動であっても子どもの体験に支えられていることを改めて確認しました。

❸ 学習を振り返って

修正に修正を重ねて、1年生から3年生までの授業をデザインしてきました。何度も修正が必要になった理由を一言でいえば、当初の予想と授業での子どもたちのあらわれに大きな差があったからです。

「仲間分け」ということばは小学生なら誰でも知っており、いくつかの仲間に分けることは多くの子どもが経験済みです。1年生の国語の教科書にも上位語と下位語があることを理解させる単元もあります（光村図書出版）。魚屋さんで買い物をするときに「おさかなちょうだい」ではお店の人が困ることも、魚屋さんではにんじんやだいこんを売っていないこともわかっています。「分類する」は、どちらかといえば、子どもたちに親しみやすい思考スキルではないかと思っていました。

しかしながら、小学校1年、2年、3年生の子どもたちが「分類する」思考スキルを習得する授業をデザインするとなると、乗り越えたい小さなステップがいくつもあることがわかってきたのです。

まず、いくつかの仲間に分けることはできても、「分類する」必然性や、意味をもって自分で「分類する」体験は意外と少ないことが挙げられます。おうちではお母さんが洗濯ものを分類しているでしょうし、教室では、何をどこに置くのか決められている場合が多いでしょう。特に、学習面では、「分類する」必然性が出てくるほど情報を集めない限り、わざわざ分類しなくても、困りません。自分から「分類する」必然性がない限り、意味（意図）をもって「分類する」こともしません。

授業デザインに、分類しないと困る状況や、「分類する」必然性がある状況設定を、組み入れることの大切さが見えてきました。

次に、「魚」「あじ」「たい」ということばは知っていても、それらを上位語と下位語という関係でとらえることは、簡単ではないことが挙げられます。魚など、個体の固有名詞でないことばは聞いたことがあるけれども、類を表すことば、すなわち、「魚」が、「あじ」「かつお」「まぐろ」「たい」などを総称することばであるとは把握していない子どもたちがたくさんいるのです。

このようなカテゴリーの認識には知識の習得が必須であり、知識を習得している年齢の子どもたちだからこそ、「分類する」ことは難しいのではないかと考えます。特に低学年では、子どもたちの知識の量に気を配りながら、上位語の存在を知ったり、上位語に含まれる下位語を集めたり、下位語から上位語を連想したりするなどの活動を丹念に取り入れていく必要があると思います。

さらに、関係を理解していたとしても、どう表現したらいいのかがわからない子もいます。表現の方法は文、もしくは図、絵などがありますが、まずは、やって見せることが一番でしょう。1年生の国語科の教科書にも「おみせやさんごっこ」（光村図書出版）が取り入れられています。このようなごっこ遊びとまではいかなくとも、ちょっとした活動をミューズ学習でも設定する必要があると考えています。その際、子どもたちに見えていないことは何なのか、活動を通してどのように見えたらいいのかを想定し、授業を組み立てる必要性を感じます。

このように、「分類する」思考スキルを習得させていくためには小さなステップを意識した授業デザインが必要です。授業をデザインする前には見えなかった小さなステップを組み立て、「分類する」思考スキルを1年生、2年生、3年生とステップアップしていくように積み上げられたことは、授業実践を重ねたひとつの成果であると自負しています。

開校2年目、現段階での最高学年は4年生です。今後は6年生までを見通したカリキュラムの作成に向けて、ミューズ学習の授業実践を積み重ねていきたいと思っています。

たくさん作った商品を仲間分けして並べる児童

ととなり、今学校ではどのように考えたかを説明する場面が多く取り入れられている。

関大初等部では、この「考えること」を、より具体的な手順に落として育てようとしている。各教科での言語活動には、それぞれ独特の方法がある。数学的考え方や科学的な考え方がそれにあたる。それぞれの教科で、どのようにそれらの考え方を系統的に育てるかについて、つくりあげてきた長い歴史がある。しかし、こと「言語活動」、すなわち考えたことやその筋道についてどのように言い表すか、についてはまだ開発の余地があるのではないか。しかも、それは教科独自のものではなく、どのような思考においても共通する方法があるのではないか。それらを、「基礎思考力」ととらえ、視覚的に考えたことを表出する６つの思考スキルとして学ばせることをめざしている。現在は４年生までだが、これが将来どのように花開くか、とても楽しみである。

COLUMN

「考える力」の育成をめざすこと

黒上晴夫 ◉関西大学総合情報学部 教授

教育の目的を一言でいうなら、「自立」である。いずれ子どもが社会に出て、自分の力で自分の人生を切り拓ける力をつけることをめざさなければならない。キーワードは「自分で」である。このような認識は、近年特に強くなってきている。国際的に。そのような力の必要性が結晶したものが、例えばＯＥＣＤのキーコンピテンシー（主要能力）であり、21 世紀スキルである。日本の社会人基礎力もその一つと言ってよい。これらの力に共通するのは、それが総合的で高次な能力だということだろう。代表格はコミュニケーション力や協調する力などである。

これを小学校でめざすには、２つの道がある。１つは高次な能力の土台となる基礎・基本を徹底すること。高次な能力は、その上につけるという考え方である。もう一つは、高次な能力を早いうちから育成すること。基礎・基本を重視しつつもそれを運用する能力も同時につけていくという考え方である。もちろんそこでいきなり高次な能力を要求するのではなく、高次な能力につながる基礎・基本の運用方法を徐々に培っていくものである。そしてこの２つ、おそらく後者の方に歩がある。学習に意味をもたせられるからだ。

平成 23 年度から適用されている学習指導要領では、後者を「言語活動の充実」と呼んで実現しようとしている。教えて考えさせる教育の、考えさせる部分とこれが対応する。考えることのかなりの部分が言語を用いて行われる。少なくとも、考えた結果の大部分がことばとして表現されることによって、明確になるし人に伝えられる。これを、全ての教科でめざすこ

日付《ひづけ》　月《がつ》　日《にち》　年《ねん》　組《くみ》（しゅっせきばんごう）名前《なまえ》

ベン図

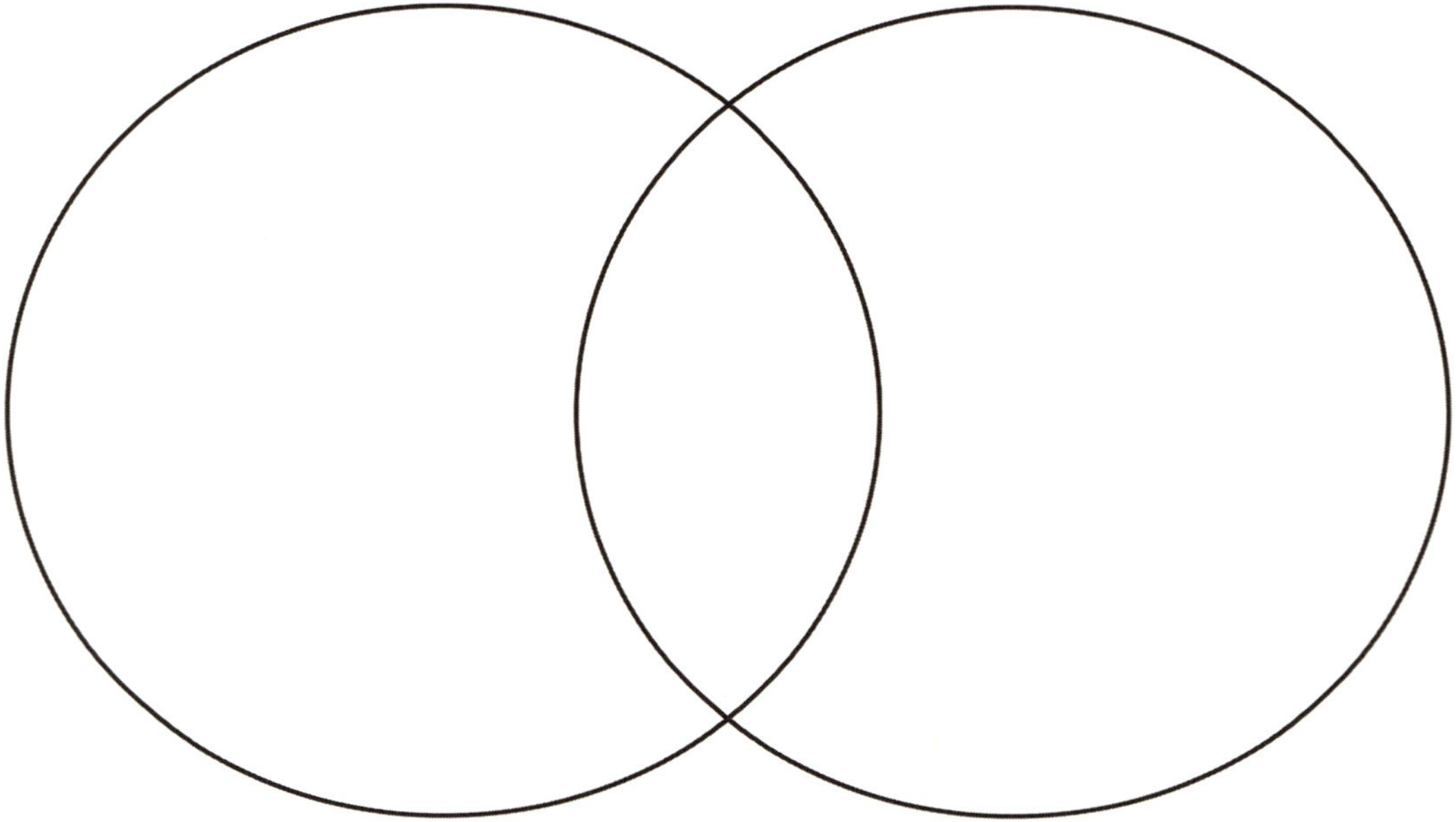

ベン図

異なる２つの事柄の共通点を円の重なった部分に、相違点を重なりのない部分に書き込むことで、「違うこと」と「同じこと」を比較する。

◎分類する

日付《ひづけ》　月《がつ》　日《にち》　年《ねん》　組《くみ》（　　　）名前《なまえ》

Xチャート

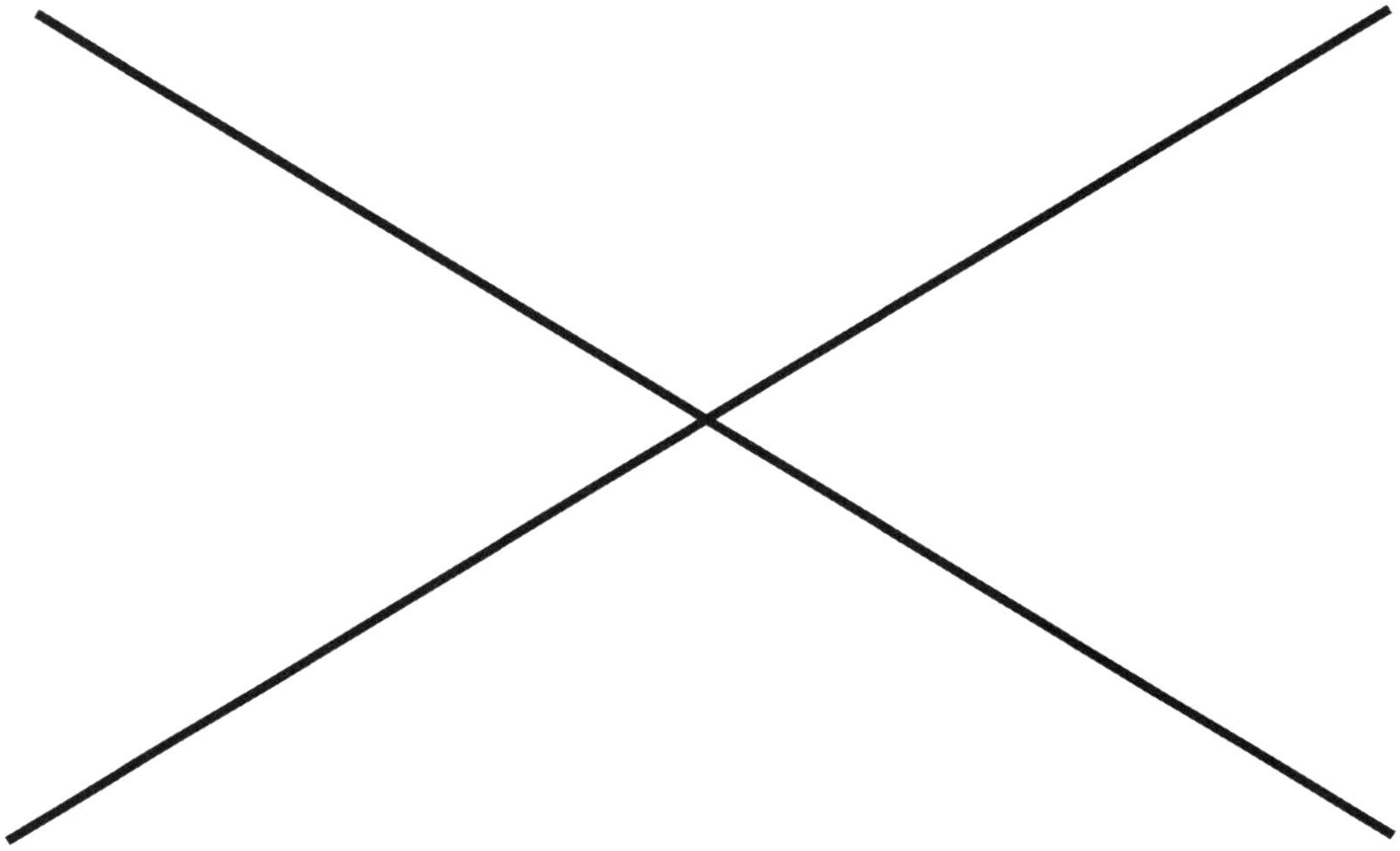

Xチャート

多くの情報を複数の視点に分類する際に使用。XチャートのほかにYチャート、付箋紙を使ったＫＪ法、さらに分類を体系化するにはロジックツリーを使用する。

◎分類する

日付《ひづけ》　　月《がつ》　　日《にち》　　　　年《ねん》　　組《くみ》（《しゅっせきばんごう》　　　　）名前《なまえ》

Y チャート

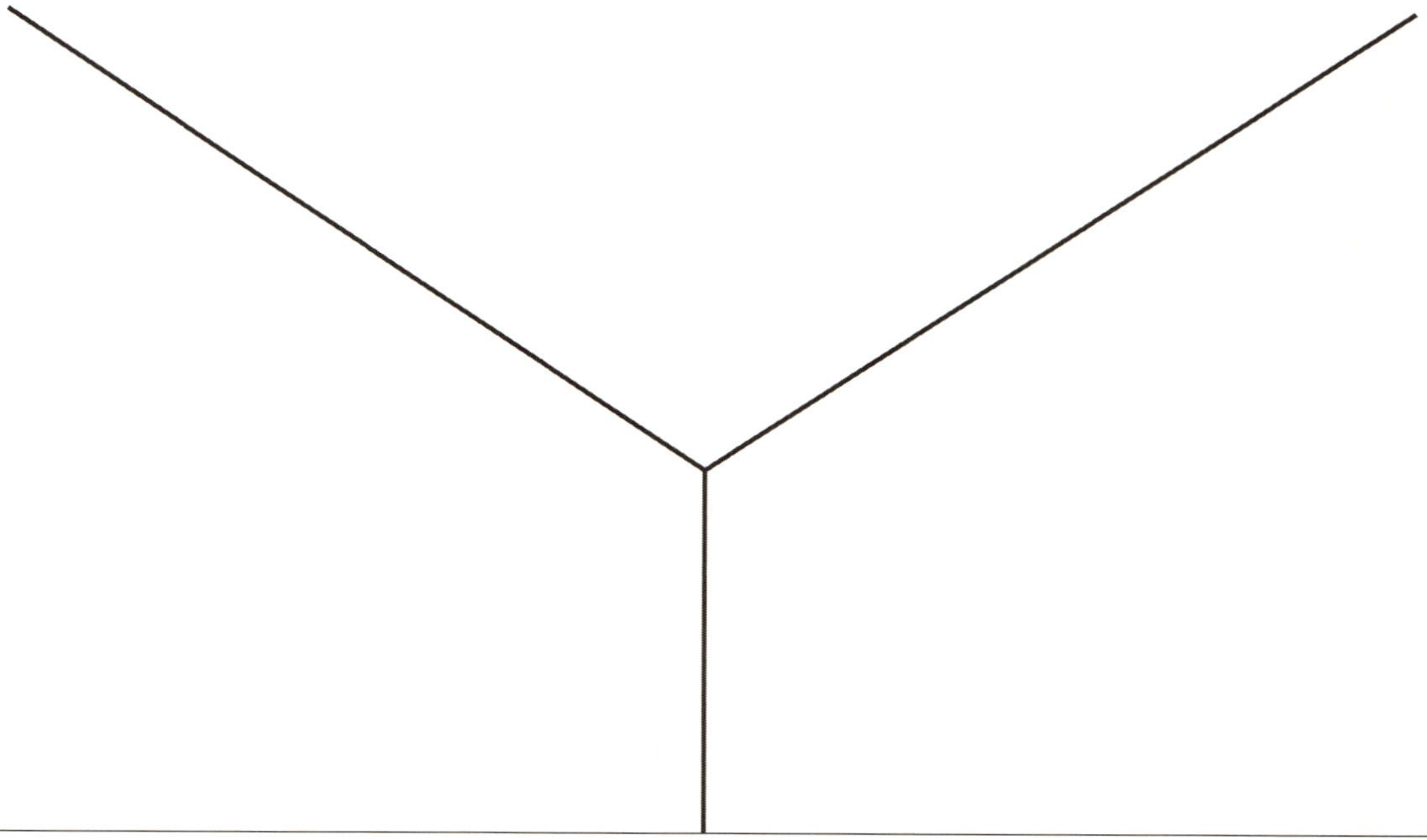

Yチャート

多くの情報を複数の視点に分類する際に使用。Yチャートのほかに X チャート付箋紙を使ったKJ法、さらに分類を体系化するにはロジックツリーを使用する。

◎多面的にみる

日付《ひづけ》　　月《がつ》　　日《にち》　　年《ねん》　　組《くみ》（　　　　出席番号《しゅっせきばんごう》　　）名前《なまえ》

くま手図《でず》

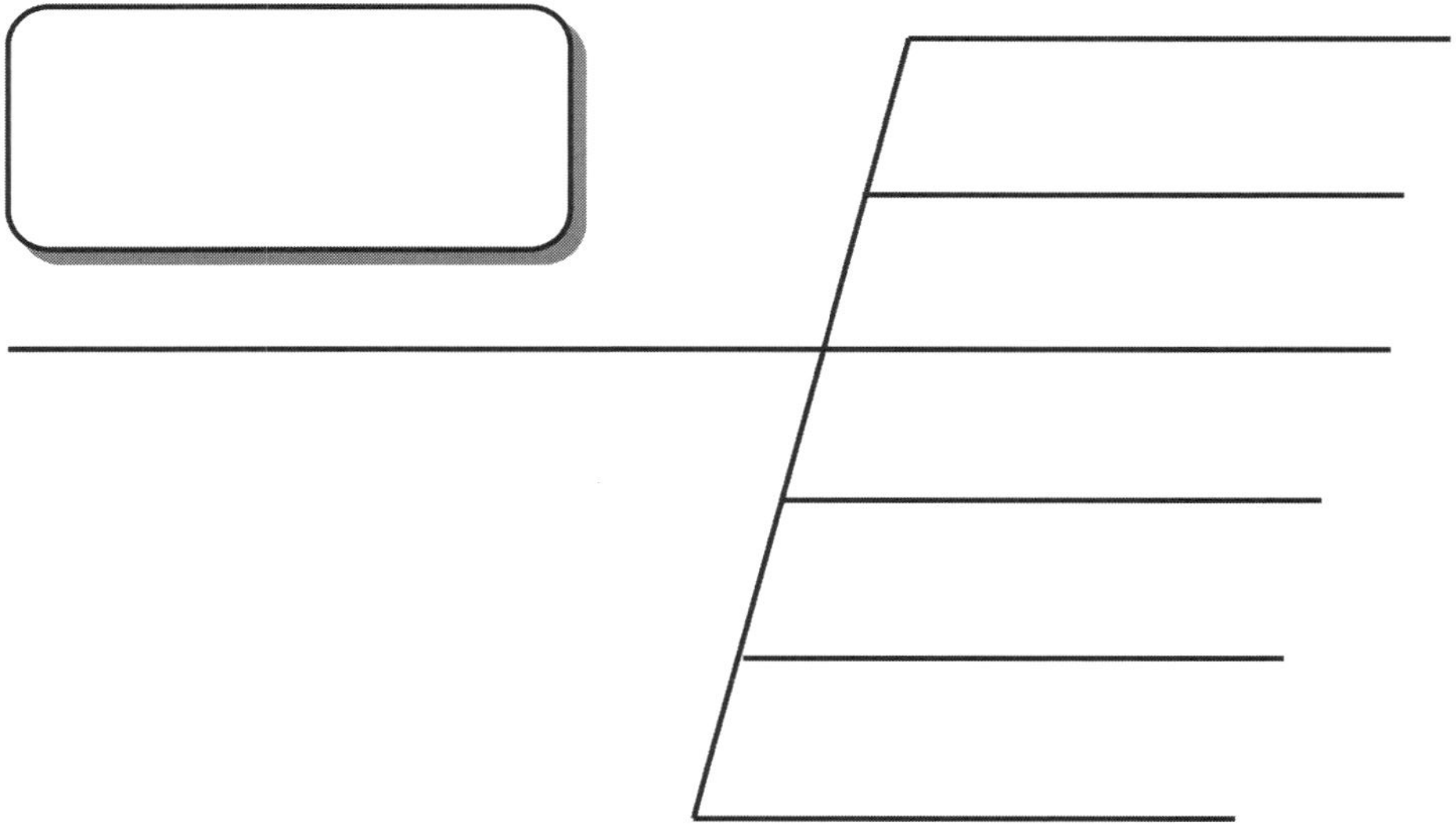

くま手図

ある事象を複数の視点で意識して、自分の考えをもたせる場合に。くま手図、ボーン図ともに左側に自分の考えを書き、その理由や根拠を右側の骨の部分に書く。

◎多面的にみる

日付《ひづけ》　月《がつ》　日《にち》　　年《ねん》　組《くみ》（　出席番号《しゅっせきばんごう》　）名前《なまえ》

ボーン（魚骨）図

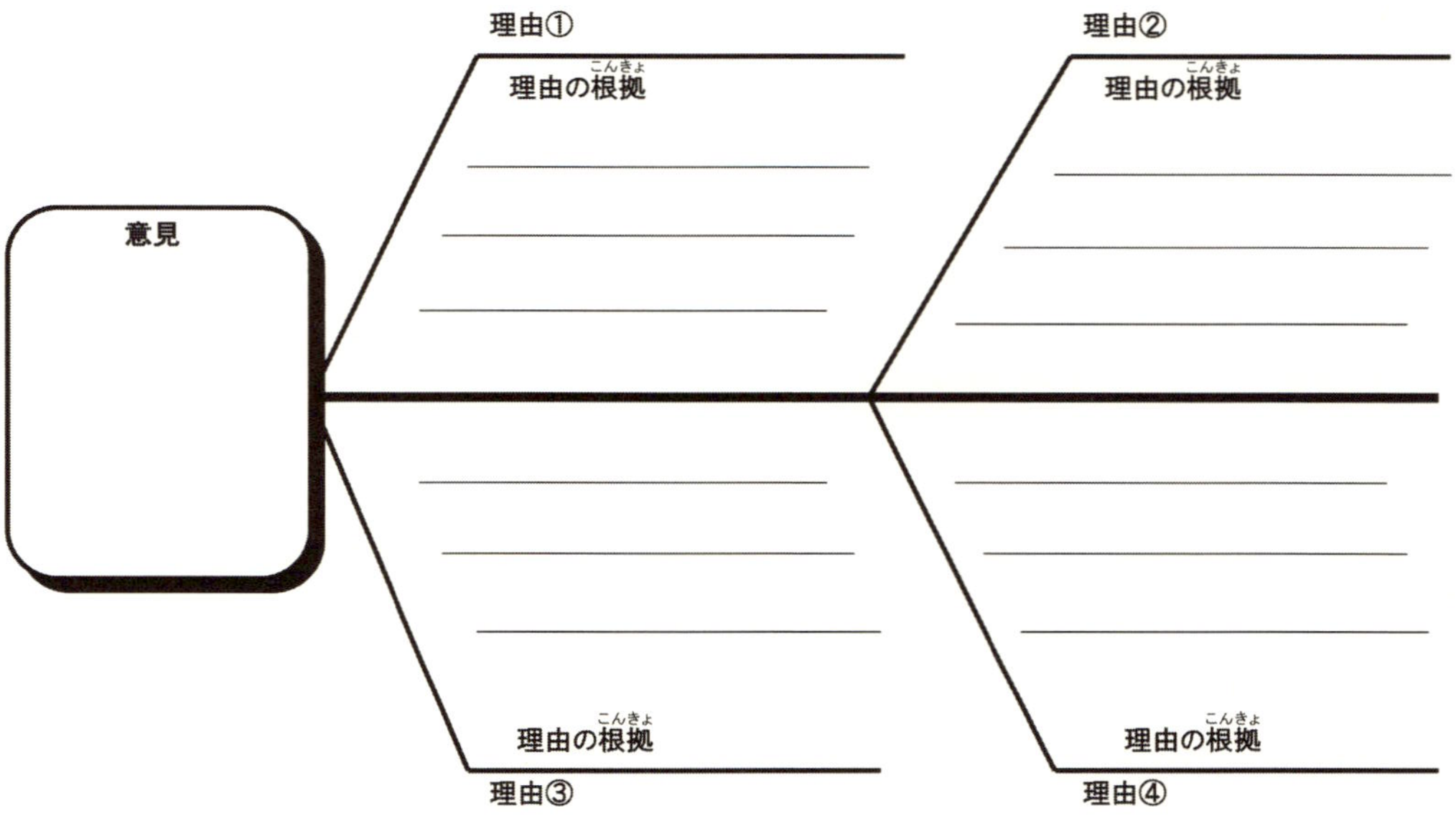

ボーン図

ある事象を複数の視点で意識して、自分の考えをもたせる場合に。くま手図、ボーン図ともに左側に自分の考えを書き、その理由や根拠を右側の骨の部分に書く。

◎関連づける

日付《ひづけ》　月《がつ》　日《にち》　年《ねん》　組《くみ》（　　　　出席番号《しゅっせきばんごう》　）名前《なまえ》

コンセプトマップ

コンセプトマップ

情報が集まった段階で考えを整理する際に利用。キーワードを付箋に書き、キーワード間のつながりを見つけ、ことばを書き加え、全体から考えをまとめる。

◎構造化する

日付《ひづけ》　　月《がつ》　　日《にち》　　年《ねん》　　組《くみ》（　　　　　）《しゅっせきばんごう》名前《なまえ》

ピラミッドチャート

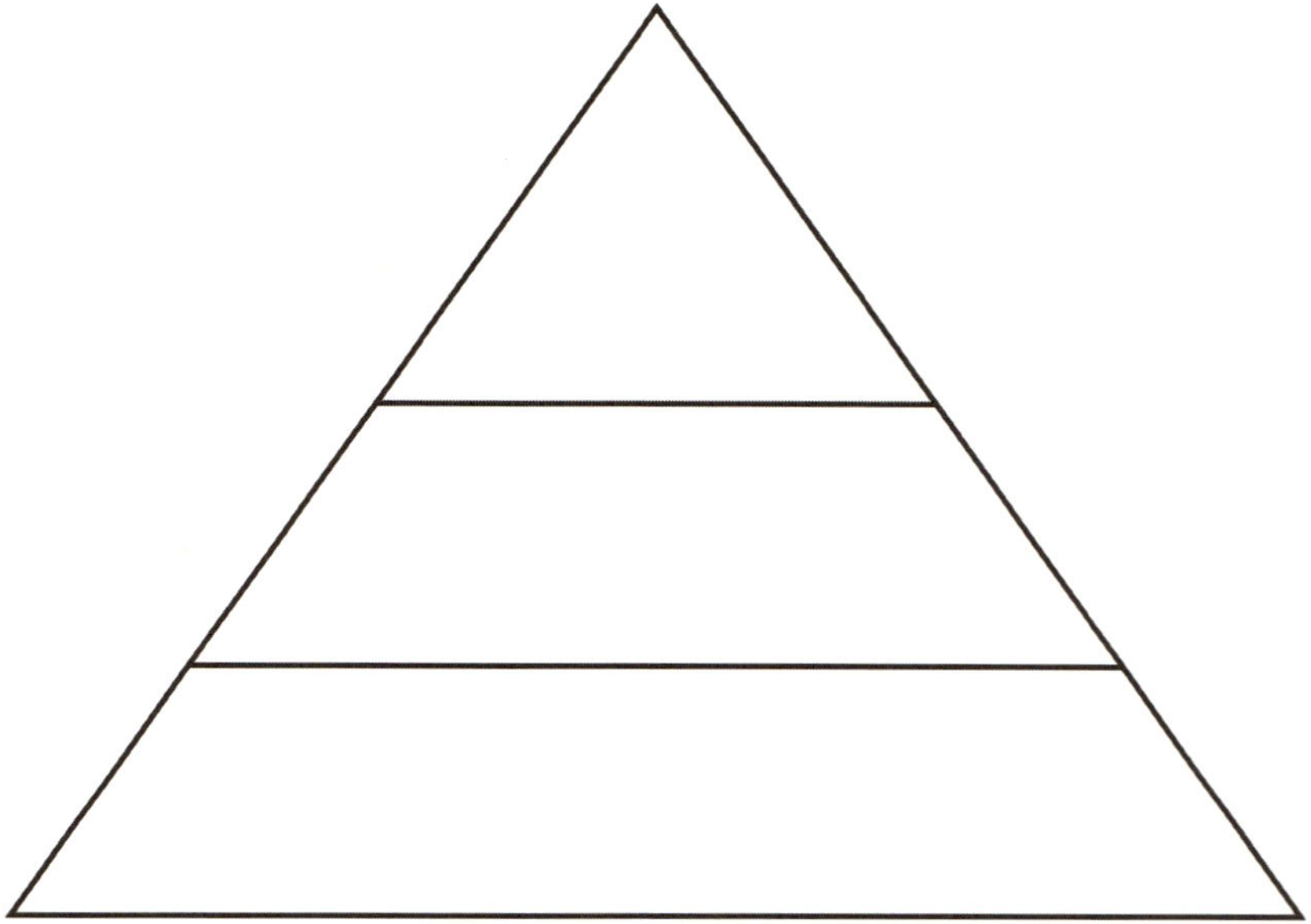

ピラミッドチャート

複数の事実から共通の性質を見つけ、そこから自分の主張を組み立てる際に使用する。低学年には「なぜなぜシート」、３年生以上でピラミッドチャートを使う。

◎評価する

日付《ひづけ》　月《がつ》　日《にち》　年《ねん》　組《くみ》（　　　　）《しゅっせきばんごう》名前《なまえ》

分析表（PMI）

Plus よかった点	Minus 改善点	Interesting おもしろい点

PMI（分析表）

一つの事象を複数の視点（プラス(Plus)、マイナス(Minus)、興味(Interest)から分析するときに使用する。活動の振り返りに利用するのも効果的。

◎私たちの思い

私たちは思考力育成のための授業デザインはどうあるべきかをとことん追究したいと考え、日々実践研究に取り組んできました。

その取り組みの中で、「考える」を思考スキルに分解し、思考スキルを習得する授業を展開できないかと考えました。しかし、思考スキルを教えれば「考える力」がつくわけではありません。子ども自身が、思考スキルを学ぶことに意味を感じることの方がより重要です。「『比較』とは、同じことと違うことを見つけることですよ」と教え込んだところで、子どもが「なんで比較なの？　それを学んだからどうなの？」と思うようでは「考える力」にはなりません。

だからこそ、その授業をデザインするために、さまざまな道具を必要としたわけです。本書で紹介している「シンキングツール」「ルーブリック」もその道具です。その他に、対話型の授業、学習環境づくりなどもあります。

すべては思考力を育成するための方法なのです。「思考スキルを習得する授業デザイン」を提案し、全国の思考力育成の実践研究に取り組んでいらっしゃる先生方の一助になればという思いからです。

もちろん、この実践研究の妥当性および信頼性については、まだまだこれからの実践の積み重ねにかかっています。全国の先生方や研究者の方々から忌憚のないご意見をいただき、さらに実践研究を深化させていきたいと思っています。

著者＊関西大学初等部

研究成果をまとめるに際しては下記のメンバーが担当した。

三宅貴久子（Ⅰ・Ⅱ）
塩谷京子（Ⅰ・Ⅱ）
山中昭岳（Ⅱ）
古本温久（Ⅱ）

関大初等部式 思考力育成法

2012年2月20日 初版発行

著　者　関西大学初等部
発行者　横山験也
発行所　株式会社さくら社
〒101-0051　東京都千代田区神田神保町2-20 ワカヤギビル507号
TEL：03-6272-6715 ／ FAX：03-6272-6716
http://www.sakura-sha.jp　郵便振替 00170-2-361913

ブックデザイン　佐藤　博
印刷・製本　シナノ書籍印刷株式会社

ISBN978-4-904785-51-5　C0037

さくら社の理念

●書籍を通じて優れた教育文化の創造をめざす

教育とは、学力形成を始めとして才能・能力を伸ばし、目指すべき地点へと導いていくことでしょう。しかし、そこへと導く方法は決して一つではないはずです。多種多様な考え方、やり方の中から、指導者となるみなさんが自分に合った方法を見つけ、実践していくことで、教育文化は豊かになっていきます。さくら社は、書籍を通じてそのお手伝いをしていきたいと考えています。

●元気で楽しい教育現場を増やすことをめざす

教育には継続する力も必要です。同時に、継続には前向きな明るさ、楽しさが必要です。先生の明るい笑顔は子どもたちの元気を生みます。子どもたちの元気な笑顔で先生も元気になります。みんなが元気になることで、教育現場は変わります。日本中の教育現場が、元気で楽しい力に満ちたものであるために——さくら社は、書籍を通じて笑顔を増やしていきたいと考えています。

●たくましく豊かな未来へとつなげることをめざす

教育は、未来をつくるものです。教育が崩れると未来の社会が崩れてしまいます。教育がたくましくなれば、未来もたくましく豊かになります。たくましく豊かな未来を実現するために、教育現場の現在を豊かなものにしていくことが必要です。さくら社は、未来へとつながる教育のための書籍を生み出していきます。